国网能源研究院有限公司
STATE GRID ENERGY RESEARCH INSTITUTE CO., LTD.

U0456997

2023
中国电力供需
分析报告

国网能源研究院有限公司　编著

中国电力出版社
CHINA ELECTRIC POWER PRESS

图书在版编目（CIP）数据

中国电力供需分析报告.2023 / 国网能源研究院有限公司编著. —北京：中国电力出版社，2024.2
ISBN 978-7-5198-8018-7

Ⅰ.①中…　Ⅱ.①国…　Ⅲ.①供电－市场需求分析－研究报告－中国－ 2023　Ⅳ.① F426.61

中国国家版本馆 CIP 数据核字 (2023) 第 142059 号

出版发行：中国电力出版社
地　　　址：北京市东城区北京站西街 19 号（邮政编码 100005）
网　　　址：http：//www.cepp.sgcc.com.cn
责任编辑：刘汝青（010-63412382）
责任校对：黄　蓓　朱丽芳
装帧设计：赵姗姗
责任印制：吴　迪

印　　刷：三河市万龙印装有限公司
版　　次：2024 年 2 月第一版
印　　次：2024 年 2 月北京第一次印刷
开　　本：787 毫米 ×1092 毫米　16 开本
印　　张：8.5
字　　数：117 千字
印　　数：0001—1500 册
定　　价：188.00 元

声　　明

一、本报告著作权归国网能源研究院有限公司单独所有，未经公司书面同意，任何个人或单位都不得引用、转载、摘抄。

二、本报告中梳理宏观经济、电力需求、电力供应情况等均来自报告页下注和文末所列参考文献，如对参考文献的解读有不足、不妥或理解错误之处，敬请谅解，烦请参考文献的作者随时指正。

序言

经过一年来的艰辛探索和不懈努力，国网能源研究院有限公司（简称国网能源院）遵循智库本质规律，思想建院、理论强院，更加坚定地踏上建设世界一流高端智库的新征程。百年变局，复兴伟业，使能源安全成为须臾不可忽视的"国之大者"，能源智库需要给出思想进取的回应、理论进步的响应。因此，对已经形成的年度分析报告系列，谋划做出了一些创新的改变，力争让智库的价值贡献更有辨识度。

在 2023 年度分析报告的选题策划上，立足转型，把握大势，围绕碳达峰碳中和路径、新型能源体系、电力供需、电源发展、新能源发电、电力市场化改革等重点领域深化研究，围绕世界 500 强电力企业、能源电力企业数字化转型等特色领域深度解析。国网能源院以"真研究问题"的态度，努力"研究真问题"。我们的期望是真诚的，不求四平八稳地泛泛而谈，虽以一家之言，但求激发业界共同思考，在一些判断和结论上，一定有不成熟之处。对此，所有参与报告研究编写的研究者，没有对鲜明的看法做模糊圆滑的处理，我们对批评指正的期待同样是真诚的。

在我国能源发展面临严峻复杂内外部形势的关键时刻，国网能源院对"能源的饭碗必须端在自己手里"，充满刻骨铭心的忧患意识和前所未有的责任感，为中国能源事业当好思想先锋，是智库走出认知"舒适区"的勇敢担当。我们深知，"积力之所举，则无不胜也；众智之所为，则无不成也。"国网能源院愿与更多志同道合的有志之士，共同完成中国能源革命这份"国之大者"的答卷。

国网能源研究院有限公司

2023 年 12 月

前言

2022 年是党和国家历史上极为重要的一年。我国顶住多重超预期因素冲击，经济保持增长，发展质量稳步提升。2023 年是我国全面贯彻党的二十大精神开局之年，跟踪并研判经济发展态势，加强宏观经济、能源及电力供需分析研究，可为政府部门政策制定、电力企业做好保供工作提供重要决策支撑。

2010 年以来，国网能源研究院有限公司已出版 12 本《中国电力供需分析报告》。报告以国家电网有限公司电力市场供需分析预测等工作为基础，整合有关研究成果形成对全年电力供需形势的研判。

本报告延续了历年来以经济分析为基础，综合考虑其他电力供需影响因素的分析框架，整体上按照"经济运行－电力消费－电力供应－电力供需形势"的思路展开。2023 年度报告主要有以下几个特色亮点：一是在现状回顾中，针对 2022 年极端高温干旱天气严重冲击电力供需相关情况进行梳理总结和分析；二是在经济研判中，聚焦国际、国内宏观经济领域热点事件（如乌克兰危机等）开展专栏分析；三是在供需研判中，对抽水蓄能、新型储能等灵活性资源以及风电、光伏等新能源重点论述；四是在专题分析中，聚焦需求响应、空调负荷等热点领域，设置专题开展研究。

限于作者水平，虽然对书稿进行了反复研究推敲，但难免仍会存在疏漏与不足之处，恳请读者谅解并批评指正！

编著者

2023 年 3 月

目录

3 2023 年电力需求预测 74

4 2023 年电力供应预测 81

5　2023 年电力供需形势预测

6　专题分析

概　　述

　　2022 年，我国经济受到国际形势、国内疫情、高温干旱等多重超预期因素冲击，但在高效统筹疫情防控和经济社会发展、多项稳定宏观经济大盘的政策陆续推出并加快落地的情况下，我国经济和全社会用电量顶住压力持续增长，可再生能源装机规模首超煤电。迎峰度夏期间，受罕见高温干旱天气影响，我国电力供需平衡面临空前严峻挑战。2023 年，短期调控政策与中长期战略相结合，支撑我国经济运行整体好转，助力质的有效提升和量的合理增长。预计全年 GDP 增速为 6.0% 左右，三次产业增速分别约为 5.0%、5.9%、6.3%。预计 2023 年我国用电量比上年增长 7.0% 左右，新投产发电装机容量首次突破 2 亿 kW，预计装机结构将发生历史性转变，火电比重首次低于 50%，太阳能发电、风电跻身装机前三，全国电力供需平衡偏紧，局地高峰时段电力供需紧张。

　　（一）2022 年经济与电力供需情况

　　我国经济顶住压力持续增长，宏观经济大盘总体稳定。2022 年，我国国内生产总值达到 121 万亿元，比上年增长 3.0%，三次产业增加值增速分别为 4.1%、3.8%、2.3%，各季度国内生产总值增速分别为 4.8%、0.4%、3.9%、2.9%，受两轮疫情影响，增速呈波动起伏态势。

　　全社会用电量在多重因素冲击下实现正增长，年内增速大幅波动。根据中国电力企业联合会统计快报数据，2022 年全社会用电量为 8.64 万亿 kW·h，比上年增长 3.6%，四个季度用电量增速分别为 5.0%、0.8%、6.0% 和 2.5%，受国内疫情新发多发、极端天气、乌克兰危机等多重因素影响，各季度用电量增速大幅波动。三次产业和城乡居民生活用电量比上年分别增长 10.4%、1.2%、4.4%、13.8%，受疫情等多重不利因素冲击，第二、第三产业增长乏力，受极端天气影响，城乡居民生活用电量快速增长，成为拉动用电增长的主要动力。

可再生能源装机规模首超煤电。2022 年，全国新增发电设备容量 2.0 亿 kW。截至 2022 年底，全国全口径发电装机容量 25.6 亿 kW，可再生能源装机容量达到 12.1 亿 kW，超过全国煤电装机容量，占全国发电总装机容量的 47.3%，进入大规模高质量跃升发展新阶段。

度夏期间我国电力供需紧张。2022 年迎峰度夏期间，受罕见高温干旱天气影响，全国电力供需平衡面临空前严峻挑战，其中川渝地区电力空前紧缺，首次在汛期出现"电力电量双缺"。

（二）2023 年全国电力供需形势预测

短期调控政策与中长期战略相结合，支撑 2023 年我国经济运行整体好转。2023 年，全球经济增长放缓拖累我国外需和外商投资增长，我国经济增长的外部环境仍复杂严峻。我国将加大宏观政策调控力度，加强各类政策协调配合，形成共促高质量发展的合力，推动经济运行整体好转，助力质的有效提升和量的合理增长。预计全年我国经济增长 6.0% 左右，三次产业增速分别约为 5.0%、5.9% 和 6.3%。

全国全社会用电量将突破 9 万亿 kW·h。综合来看，疫情防控优化、经济恢复向好、气温正常偏高等成为支撑用电较快增长的有利条件，预计 2023 年全国全社会用电量将达到 9.16 万亿～9.33 万亿 kW·h，比上年增长 6.0%～8.0%。推荐情景下，全国全社会用电量为 9.25 万亿 kW·h，比上年增长 7.0%，增速较上年显著反弹。**分季度看，**四个季度全社会用电量同比分别增长 3.6%、8.5%、5.5% 和 10.7%，受上年基数影响，第二、第四季度用电量增速显著高于第一、第三季度用电量增速。**分部门看，**第一、第二、第三产业和城乡居民生活用电量比上年分别增长 9.9%、7.3%、11.9%、0.3%，对全社会用电量增长的贡献率分别为 1.8%、68.5%、29.1%、0.6%。

新投产发电装机容量首次突破 2 亿 kW，装机结构将发生历史性转变，火电比重首次低于 50%。2023 年，全国新投产发电装机容量预计将达到 2.8 亿 kW 左右。其中，水电、火电、核电、风电、太阳能发电新增装机容量分别约为 904 万、6300 万、198 万、7061 万、

12610 万 kW。预计至 2023 年底，全国发电装机容量将达到 28.4 亿 kW 左右，比上年增长 10.8% 左右，其中，水电、火电、核电、风电、太阳能装机分别约为 4.2 亿、13.9 亿、5751 万、4.4 亿、5.2 亿 kW，占总装机容量的比重分别为 14.9%、49.0%、2.0%、15.3%、18.3%，火电比重首次低于 50%，太阳能发电、风电跻身装机前三。

全国电力供需平衡偏紧，局部地区高峰时段电力供需形势紧张。分区域看，华北、华东、华中、西南电网区域用电高峰时段电力供需紧张，其他电网区域电力供需偏紧或基本平衡。

（撰写人：汲国强　审核人：吴姗姗）

1

2022 年
经济与电力供需情况

1.1 2022 年宏观经济

> 我国经济顶住压力持续增长，宏观经济大盘总体稳定

2022 年，我国经济受到国际形势、国内疫情、高温干旱等多重超预期因素冲击，但在高效统筹疫情防控和经济社会发展、多项稳定宏观经济大盘的政策陆续推出并加快落地的情况下，GDP 达到 121 万亿元❶，可比价比上年增长 3.0%，增速较前两年平均增速下降 2.3 个百分点，为 1977 年以来次低值。其中，三次产业增加值增速分别为 4.1%、3.8%、2.3%。分季度看，四个季度 GDP 增速分别为 4.8%、0.4%、3.9%、2.9%，受两轮疫情影响，增速呈波动起伏态势。

图 1-1 1977 — 2022 年我国经济增速

---

❶ 如无特殊说明，国内经济形势部分数据均来自国家统计局。

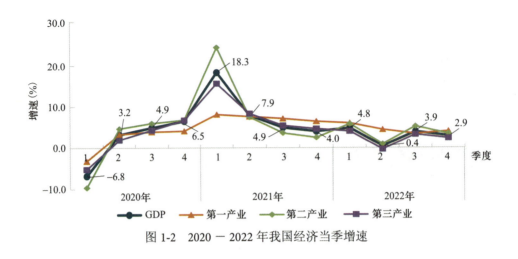

图 1-2 2020－2022 年我国经济当季增速

疫情对消费产生明显扰动，线下消费收缩明显

2022 年，我国最终消费支出拉动 GDP 增长 1.0 个百分点[1]，对经济增长的贡献率仅为 32.8%，较上年下降 32.6 个百分点，也大幅低于疫情暴发前的 2017－2019 年平均 59.5% 的水平。社会消费品零售总额比上年下降 0.2%，增速较前两年平均增速下降 4.1 个百分点。分月看，随着疫情防控形势演变，4 月增速降至年内最低，6 月由负转正，四季度再次落入负区间且降幅呈扩大趋势，10－12 月增速分别为 –0.5%、–5.9%、–1.8%。

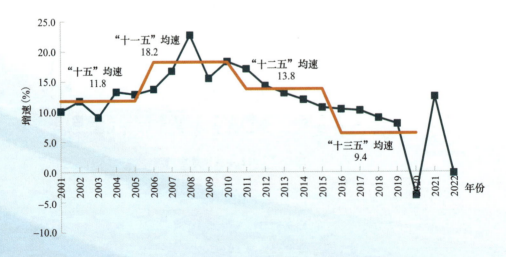

图 1-3 2001－2022 年我国社会消费品零售总额增速

图 1-4　2021 — 2022 年各月我国社会消费品零售分类增速

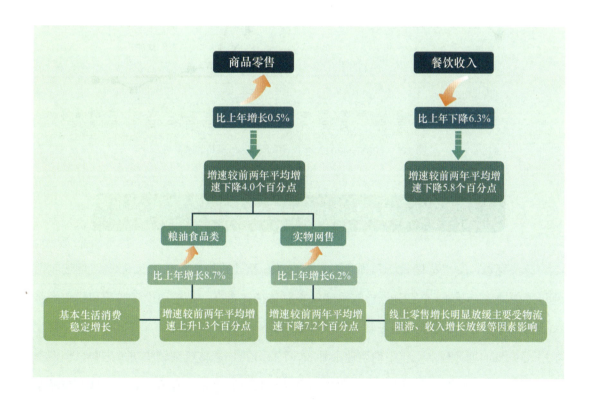

资本形成总额对拉动 GDP 增长发挥了关键性作用

2022 年，资本形成总额拉动 GDP 增长 1.5 个百分点[1]，对 GDP 增长的贡献率为 50.1%，比上年提高 36.4 个百分点，较疫情前的 2017 － 2019 年平均水平高出 12.9 个百分点，资本形成总额对拉动 GDP 增长发挥了关键性作用。固定资产投资比上年增长 5.1%，增速较前两年平均增速上升 1.2 个百分点。

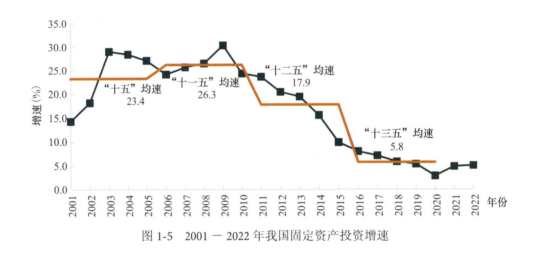

图 1-5　2001 － 2022 年我国固定资产投资增速

基建投资托底作用充分彰显

分类别看，受"稳增长"系列政策有力支撑，基建投资比上年增长 9.4%，增速较前两年平均增速上升 8.8 个百分点，二季度以来总体持续走高，是拉动投资增长和稳定经济大盘的关键力量。制造业投资在出口增长较快和助企纾困政策扶持下具有一定韧性，比上年增长 9.1%，增速较前两年平均增速上升 3.7 个百分点，总体延续较快增长态势，但四季度以来，受需求下滑、利润降幅扩大影响，制造业投资月度增速有所下降。房地产市场景气深度下行，房地产投资持续低迷，比上年下降 10.0%，增速较前两年平均增速下降 15.7 个百分点，连续 21 个月下降、9 个月负增长，且降幅持续扩大。

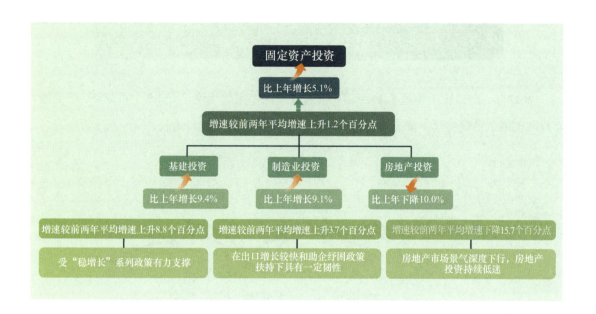

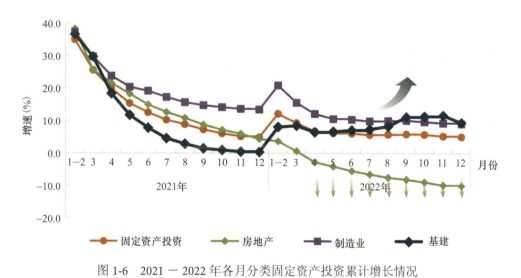

图 1-6　2021 － 2022 年各月分类固定资产投资累计增长情况

净出口对拉动 GDP 增长的贡献有所下降

2022 年，货物和服务净出口拉动 GDP 增长 0.5 个百分点[1]，对 GDP 增长的贡献率为 17.1%，比上年下降 3.8 个百分点，但明显高于 2017 － 2019 年平均 3.4% 的水平。

出口增速年内前高后低

2022 年，出口比上年增长 10.5%❶，增速较前两年平均增速下降 1.8 个百分点。分月看，8 月以来增速呈现持续下降态势，12 月降至 –0.5%，年内首度负增长。

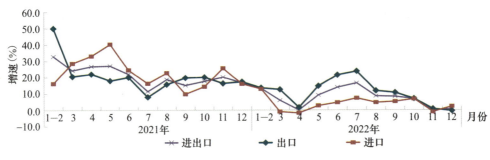

图 1-7　2021 － 2022 年各月我国进出口增速

对美出口出现 29 个月以来的首次负增长

分出口目的地看，2022 年对美国、欧盟、日本和东盟出口分别增长 4.2%、11.9%、7.7%、21.7%。分月看，对美国、欧盟出口增速分别在 9、10 月开始落入负区间，12 月对美国、欧盟出口分别下降 11.3%、8.9%，主要是受美欧滞涨高企、需求明显下滑影响。

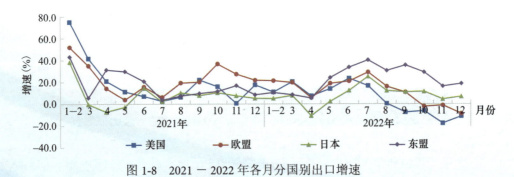

图 1-8　2021 － 2022 年各月分国别出口增速

❶ 以下出口部分数据均来自海关总署。

工业占 GDP 比重连续两年上升

2022 年，我国工业增加值占 GDP 比重提高至 33.2%，较上年继续提升 0.6 个百分点，是自 2011 年以来工业增加值占 GDP 比重进入下行通道后的首次连续两年回升。规模以上工业增加值比上年增长 3.6%，增速较前两年平均增速下降 2.5 个百分点。分月看，当月增速在 4 月探底后逐步回升，9 月达年内最高点 6.3%，之后再度回落，12 月为 1.3%，主要受疫情反弹、需求不足等因素影响。

图 1-9　2001 － 2022 年我国工业增加值占比及增速

工业上游产业好于中下游

2022 年，受能源保供政策支撑，采矿业增加值比上年增长 7.3%，较 2020 － 2021 年平均增速上升 4.4 个百分点；制造业，电力、热力、燃气及水生产和供应业增加值比上年分别增长 3.0%、5.0%，较 2020 － 2021 年平均增速分别下降 3.6、1.6 个百分点。

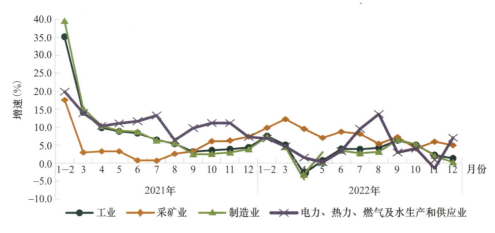

图 1-10　2021 － 2022 年各月我国规模以上工业增加值增速

服务业复苏因疫情扰动受阻

2022 年，服务业增加值比上年增长 2.3%，增速低于 GDP 增速 0.7 个百分点，较 2020 － 2021 年平均增速下降 2.8 个百分点。分季度来看，四个季度服务业增加值增速分别为 4.0%、－0.4%、3.2% 和 2.3%，波动程度较疫情前明显放大。

图 1-11　2001 － 2022 年我国服务业增加值增速

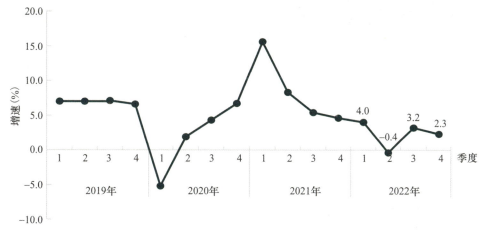

图 1-12　2019 — 2022 年我国服务业增加值当季增速

服务业内部行业明显分化

2022 年，信息传输、软件和信息技术服务业，以及金融业增势良好，增加值分别增长 9.1%、5.6%，占服务业的比重较上年分别提高 0.3、0.5 个百分点；住宿和餐饮业，交通运输、仓储及邮政业因受疫情影响较大，行业增加值分别下降 2.3%、0.8%，占服务业的比重较上年分别降低 0.2、0.1 个百分点；房地产业受多重因素影响，行业增加值下降 5.1%，占服务业的比重较上年降低 1.0 个百分点。

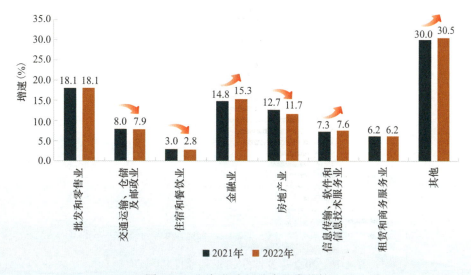

图 1-13　服务业分行业占比变化情况

我国经济空间布局维持稳定，上海、吉林 GDP 负增长

2022 年，广东、江苏、山东、浙江、河南仍为经济总量排名前五的省份，GDP 合计占比达到 39.8%，较上年降低 0.3 个百分点。除上海、吉林受疫情影响 GDP 低于 2021 年外，其他省份均有不同程度的增长。

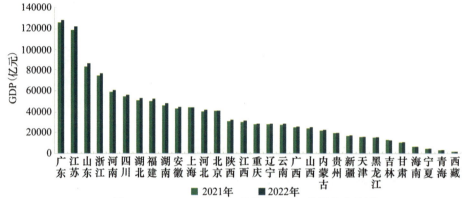

图 1-14　2021—2022 年各省份 GDP 总量排名情况

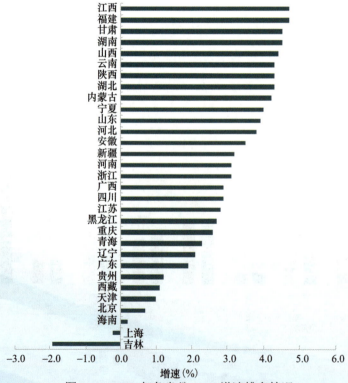

图 1-15　2022 年各省份 GDP 增速排名情况

（本节撰写人：张莉莉　审核人：吴姗姗）

1.2　2022 年电力消费

全社会用电量在多重因素冲击下实现正增长，年内增速大幅波动

2022 年，全国全社会用电量 8.64 万亿 kW·h，比上年增长 3.6%[1]，增速较上年下降 6.7 个百分点。受国内疫情新发多发、极端天气、乌克兰危机等多重因素影响，各季度用电量增速大幅波动，分别为 5.0%、0.8%、6.0%、2.5%。

2022 年，我国全社会用电量增速延续 2020 年以来略高于当年经济增速的态势。2020 － 2022 年我国电力弹性系数为 1.22，较 2015 － 2022 年电力弹性系数 (1.04) 有所上升。

图 1-16　2015 年以来经济与用电量增速

---

[1] 如无特殊说明，电力需求和供应部分数据来源于中国电力企业联合会。

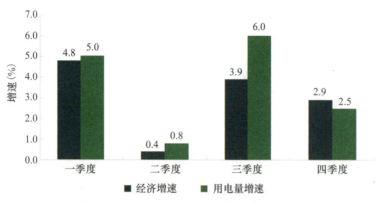

图 1-17　2022 年各季度经济与用电量增速

专栏：从上海、吉林两地看疫情对用电的影响

引言：2022 年一季度末二季度初，国内新一轮疫情多发散发，本报告以疫情影响较为突出的上海、吉林为代表，对 2 月 24 日－ 4 月 13 日期间的日电量进行了分析和测算，从微观视角洞察疫情对用电影响的各个维度。

上海、吉林用电量增速受疫情影响程度超 12 个百分点

上海疫情期间（2 月 24 日－ 4 月 13 日），上海用电量同比下降 7%。

逐日看

上海日电量自 2 月 24 日呈下降趋势；3 月 5 日起，日电量基本低于上年同期水平；3 月 29 日起，伴随着当日上海本土阳性感染者数量突破 5000 例，疫情防控措施愈加严格，日电量呈现加速下滑态势；4 月 7 日－ 13 日上海日均电量同比下降 28%。

图 1-18　上海日电量波动情况

分行业看　三次产业与城乡居民生活用电量同比分别增长 18.1%、−14.7%、−7.7%、15.0%，黑色金属、专用设备、房地产、金属制品、交通运输、批发零售等行业受疫情冲击更为明显。

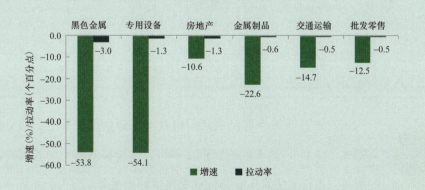

图 1-19　上海主要行业用电量增速及拉动率

经测算　2 月 24 日—4 月 13 日疫情累计影响上海用电量 23 亿 kW·h，拉低用电量增速 12.8 个百分点。

吉林疫情期间（3月2日－4月13日），吉林用电量同比下降7.5%。

逐日看　吉林日电量自3月5日起持续下降；3月12日起，当日吉林本土阳性感染者数量突破2000例，疫情防控措施更为严格，日电量低于上年同期水平；4月7－13日，虽然新增感染者数量明显减少，但日均电量同比下降18.7%，降幅明显。

图1-20　吉林日电量波动情况

分行业看　三次产业与城乡居民生活用电量同比分别增长6.7%、–13.4%、–15.1%、15.1%，汽车制造、批发零售、非金属制品、交通运输、橡胶塑料、教育文化娱乐业等行业受疫情冲击显著。

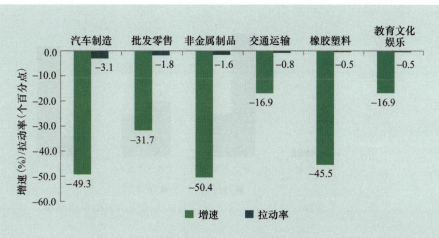

图 1-21   吉林主要行业用电量增速及拉动率

经测算   3 月 2 日－4 月 13 日，疫情累计影响吉林用电量 9 亿 kW·h，拉低用电量增速 12.3 个百分点。

居民生活对全社会用电量增长贡献超过一半，取代第二、第三产业成为用电增长主要拉动力

2022 年，三次产业和城乡居民生活用电量比上年分别增长 10.4%、1.2%、4.4%、13.8%，对全社会用电量增长的贡献率分别为 3.6%、21.5%、21.0%、53.9%。受疫情等多重不利因素冲击，第二、第三产业增长乏力；受极端天气影响，城乡居民生活用电量快速增长，成为拉动用电增长的主要动力。

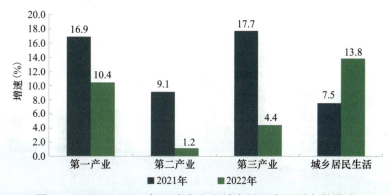

图 1-22   2021、2022 年三次产业和城乡居民生活用电量增速

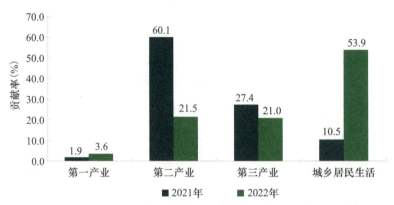

图 1-23　2021、2022 年三次产业和城乡居民生活用电量贡献率

"三华"地区对全国用电量增长贡献超过七成，是用电增长主要拉动区域

2022 年，华北（含蒙西）、华东、华中、东北、西北、西南、南方电网区域全社会用电量比上年分别增长 2.9%、4.6%、6.3%、1.9%、3.1%、5.4%、1.7%，华东、华中、华北（含蒙西）电网区域是用电增长的主要拉动区域，对全社会用电量增长贡献率分别为 30.4%、21.1%、19.3%。

27 个省份用电量实现正增长，西藏（17.4%）、云南（11.8%）、安徽（10.2%）用电量增速达到两位数。上海（-0.2%）、新疆（-0.5%）、广西（-0.9%）、辽宁（-1.0%）用电量负增长。

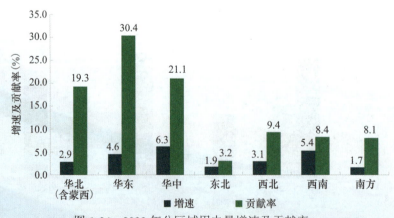

图 1-24　2022 年分区域用电量增速及贡献率

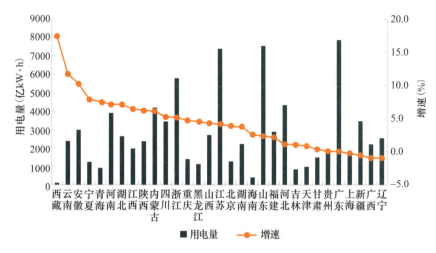

图 1-25　2022 年分省份用电量及增速

全国最大负荷接近 13 亿 kW，华中、西南电网区域负荷增长最快

2022 年，全国调度最大负荷为 12.9 亿 kW，比上年增长 8.2%，出现在夏季（8 月），受极端天气影响，负荷增速较电量增速快 4.6 个百分点。分区域看，华中、西南电网区域负荷增长较快，增速分别为 12.5%、12.0%。分省份看，年度最大负荷时刻，经济总量排名前五的广东、江苏、山东、浙江、河南五省份占全国最大负荷比重也最高，合计超过 40%。

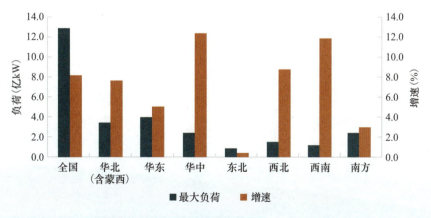

图 1-26　2022 年各区域电网最大负荷及增速

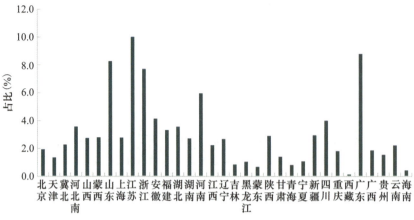

图 1-27　2022 年最大负荷时刻各省级电网占比

注：蒙东是指国网内蒙古东部电力有限公司，经营范围包括呼伦贝尔、兴安、通辽、赤峰四个盟市，下同。

负荷特性持续变化，给电力系统安全经济运行提出了更大挑战

以国家电网公司经营区域为例，2022 年呈现出三个特点：

各月最大负荷差异增大

2022 年，季不均衡系数为 81%，比上年下降 4 个百分点；最大负荷利用小时数为 5982h，比上年减少 320h。

最大日峰谷差逐年增长

2016—2022 年，最大日峰谷差从 1.82 亿 kW 增至 2.85 亿 kW，年均增速为 7.8%，最大日峰谷差率在 29%～32% 之间波动。

尖峰负荷持续时间总体呈下降趋势

2022 年，97%、95%、90%P_{max} 的平均持续时间为 17、44、246h，分别较"十三五"期间平均值下降 12、38、57h。

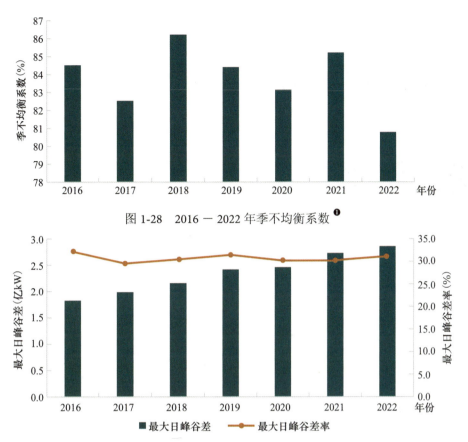

图 1-28　2016－2022 年季不均衡系数 ❶

图 1-29　2016－2022 年国家电网公司经营区域最大日峰谷差及最大日峰谷差率

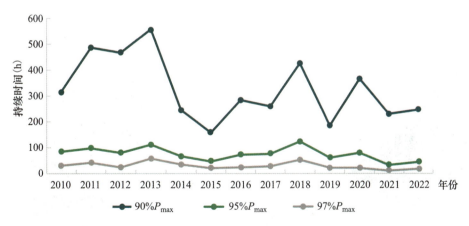

图 1-30　"十二五"以来国家电网公司经营区域尖峰负荷持续时间

（本节撰写人：汲国强、刘青、姚力　审核人：吴姗姗）

❶ 全年各月最大负荷的平均值与年最大负荷的比值。

1.3 2022年电力供应

全年装机增速不及负荷增长水平，可再生能源装机规模首超煤电

2022年，全国新增装机容量2.0亿kW，比上年增加0.2亿kW。"双碳"目标下可再生能源新增装机规模维持高位，其中太阳能发电创历史新高，新增装机容量超过8000万kW。全年可再生能源新增装机容量1.52亿kW，占全国新增发电装机容量的76.2%，已成为我国电力新增装机的主体。

截至2022年底，全国全口径发电装机容量25.6亿kW，比上年末增长7.8%，增速较负荷增速低0.4个百分点。可再生能源装机容量达到12.1亿kW，超过全国煤电装机容量，占全国发电总装机容量的47.3%，进入大规模高质量跃升发展新阶段。

图1-31　2022年新增装机结构

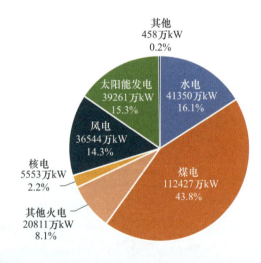

图1-32　2022年底发电装机结构

"三华"和南方电网区域新增装机容量与新增可再生能源装机容量占全国比重均超过七成

分区域看，华北、华东、华中和南方电网区域新增总装机容量占全国新增装机容量的比重达到 72.8%。新增可再生能源装机同样集中在"三华"和南方电网区域，合计占比达 71.3%。

图 1-33　2022 年全国新增装机分布

11 个省份可再生能源装机容量比重超过 50%

云南、四川、湖北、河北可再生能源装机规模大，占全部装机比重高。

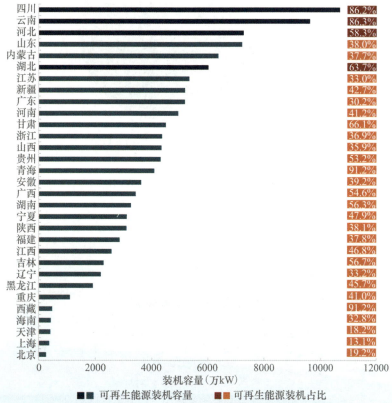

图 1-34　2022 年各省份可再生能源新增装机容量

> 可再生能源发电量占全部发电量比重超三成，电力行业绿色低碳转型持续推进

　　2022 年，全国全口径发电量 8.69 万亿 kW·h，比上年增长 3.6%。其中，煤电发电量比重为 58.4%，高于其装机占比 14.6 个百分点，"压舱石"作用依然显著。可再生能源发电量 2.7 万亿 kW·h，占全部发电量的 31.4%，比上年提高 1.7 个百分点，相当于欧盟 2021 年全年用电量。其中，风电和光伏年发电量首次突破 1 万亿 kW·h，接近全国城乡居民生活用电量；风电和光伏发电年新增发电量占全部新增发电量比重超过 50%。

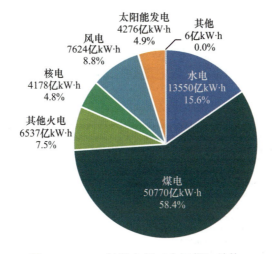

图 1-35　2022 年发电量（全口径）结构

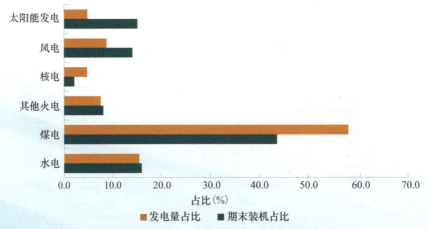

图 1-36　2022 年各品种发电量结构与期末装机结构对比

除太阳能发电外，各类型发电设备平均利用小时数均下降，水电创 2014 年以来年度最低

2022 年，全国 6000kW 及以上电厂发电设备利用小时数为 3687h，比上年降低 125h。其中，受全年降水总体偏少影响，水电仅为 3412h；并网太阳能发电 1337h，比上年提高 56h。

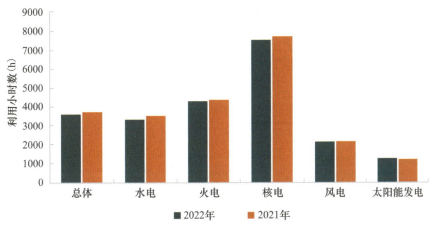

图 1-37　2021 － 2022 年发电设备利用小时数

专栏：2022 年分布式光伏迅猛发展

2022 年，分布式连续两年成为光伏新增主体类型，已经并将持续深刻影响供需平衡

2022 年，全国分布式光伏发电新增装机容量 5111 万 kW，比上年增加 2184 万 kW，分布式光伏新增装机容量占光伏总新增装机容量比重为 58.5%，占比较上年提高 5.1 个百分点，分布式光伏发展势头较集中式光伏更为迅猛。截至 2022 年底，全国分布式光伏装机容量达到 3.92 亿 kW，占光伏总装机容量比重达到 40.2%。

分区域看，华东、华北、华中电网区域光伏延续以分布式为主的发展思路，新增装机容量占本区域光伏新增总装机容量的比重超过六成，其中华东电网区域高达 91.6%；西北、东北、西南、南方电网区域光伏发展以集中式为主，新增装机容量占本区域光伏新增总装机容量的比重超过六成，其中西北电网区域高达 81.5%。

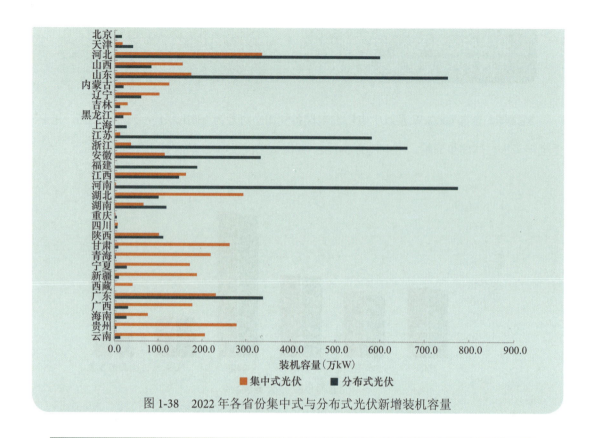

图1-38　2022年各省份集中式与分布式光伏新增装机容量

电网建设投资规模扩大，重点工程稳步有序推进

2022年，电网企业顺应稳增长政策和加快能源转型等国家相关要求，更好地服务经济社会发展需要，加快电网建设投资。全年全国电网工程建设投资完成5012亿元，比上年增长2.0%，增速较上年上升0.9个百分点。

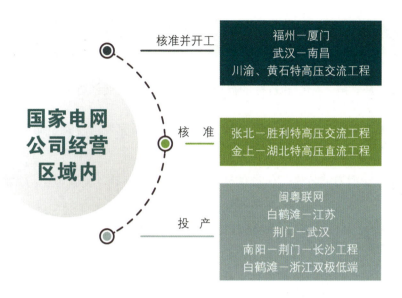

截至 2022 年底，国家电网公司经营区域已建成"十七交十四直"特高压工程，在建"五交一直"重点特高压工程。

市场化省间交易规模持续扩大，电网资源配置能力显著提高

2022 年，全国各电力交易中心积极应对度夏期间极端高温与干旱挑战，发挥省间市场资源配置作用，用好用足输电通道，累计组织完成市场化省间交易电量 10362.1 亿 kW·h，保障了电力的可靠供应。分类型看，省间电力直接交易 1266.7 亿 kW·h，省间外送交易 8999.8 亿 kW·h，发电权交易 95.7 亿 kW·h。分区域看，北京电力交易中心组织完成省间交易电量合计为 9609 亿 kW·h，比上年增长 50.6%；广州电力交易中心组织完成省间交易电量合计为 753.1 亿 kW·h，比上年增长 27.6%。

抽水蓄能建设扎实推进，新型储能快速发展

截至 2022 年底，全国已投运新型储能项目装机规模达 870 万 kW，平均储能时长约 2.1h，时长比上年末增长 110% 以上。

2022 年，国家电网公司经营区域核准 8 座、开工 6 座抽水蓄能电站，年底国家电网公司经营区域抽水蓄能容量达 3431 万 kW，比上年末增长 28.9%。

全国新型储能装机规模持续快速增长，主要有五方面原因：

一是 碳达峰、碳中和目标的提出，为储能快速发展创造了良好机遇

二是 支撑产业技术发展的顶层设计不断完善，为新型储能快速发展奠定了政策基础

三是 新型储能特性与传统的储能技术可优势互补，使新型电力系统构建有更多选择

四是 技术突破和经济性提高，为新型储能快速发展进一步创造了有利条件

五是 地方政府和各类市场主体发展建设新型储能积极性高涨，为新型储能快速发展注入了活力

专栏：新型储能的电力保供成效初现

湖南长沙电池储能示范工程，由国网湖南省电力有限公司全资子公司国网湖南综合能源服务有限公司投资建设。总规模为 6 万 kW/12 万 kW·h，分别在 220kV 榔梨、延农、芙蓉变电站内空地建设储能站。该工程于 2019 年 3 月正式投入运行，统一纳入调度计划管控，参与长沙电网调峰填谷。

榔梨、延农、芙蓉电池储能电站每天采取"两充两放"模式，满足长沙地区日用电负荷"午高峰＋晚高峰"调峰需求。鉴于午、晚每个高峰仅持续 2～3h，通过现有所配置的 6 万 kW/12 万 kW·h 的电池储能电站功率/容量规模特性，可有效平抑长沙电网负荷峰值的 0.9%～1.5%[2]。在迎峰度夏、度冬期间等用电紧缺时段提供有效电力支撑，极大地缓解了电力供应能力不足的问题。

（本节撰写人：刘青 审核人：汲国强）

1.4 2022 年电力供需

度夏期间我国电力供需紧张，度冬期间基本平衡

2022 年迎峰度夏期间，受高温干旱天气影响，全国电力供需平衡面临空前严峻挑战。山东、上海、江苏、浙江、安徽、湖北、湖南、河南、江西、陕西、四川、重庆等省份先后执行负荷管理措施，其中川渝地区电力空前紧缺，首次在汛期出现"电力电量双缺"。

2022 年迎峰度冬期间，全国电力供需基本平衡。

国家电网公司经营区域迎峰度夏供需形势		
平衡	山西、福建、辽宁、吉林、黑龙江、蒙东、甘肃、青海、宁夏、新疆、西藏	
偏紧	京津唐、河北南、上海、浙江、河南、陕西	
紧张	山东、江苏、安徽、湖北、湖南、江西、四川、重庆	

专栏：2022 年迎峰度夏川渝地区电力空前紧缺

电力保供面临"四最"挑战

最长时间❶

2022年6月13日—8月30日，我国中东部地区出现大范围持续高温天气过程，共持续79天，为1961年以来我国持续时间最长的区域性高温天气过程。

最高温度

2022年8月13日，中央气象台自我国气象预警机制建立以来首次发布高温红色预警。此次高温过程中有361个气象站日最高气温达到或超过历史极值。

最少来水

2022年7月—11月上半月，长江中下游及川渝等地持续高温少雨，遭遇夏伏旱连秋旱，长江流域中旱以上干旱日数为1961年以来历史同期最多。

最大负荷

2022年6—8月，受高温天气影响，川渝地区最大负荷分别29次、30次创新高，降温电量对本地区用电增长贡献率分别达到63%、87%。

供需双侧发力保障电力供应

供应侧

多措并举实现外电支援
一是调减川渝电力外送计划。
二是充分发挥大电网跨省跨区支援互济能力，实现德宝直流全天满功率支援四川。
三是最大化挖掘其他跨省跨区通道受电能力。

需求侧

第一阶段：度夏初期负荷屡创新高
——积极实施主动错避峰措施，缓解电力供需紧张。
第二阶段：极端高温拉动负荷激增
——启动"主动错避峰+有序用电"措施，尽可能覆盖电力供应缺口。
第三阶段：水库触底引发电力电量双缺
——因时因势施策，促成工业企业让电于民。
第四阶段：高温干旱引发供需空前紧张
——启动"以水定发、以发定用"模式，最大化减少对民生用电的冲击。

（本节撰写人：汲国强　审核人：吴姗姗）

---

❶ 来源于国家气候中心。

2

2023 年
电力供需环境研判

2.1　宏观环境

2.1.1　国际经济形势

全球经济增速进一步放缓

2022 年，受疫情形势反复、供给瓶颈影响，全球通胀水平抬升，乌克兰危机等地缘政治事件加剧全球供给约束，多数主要经济体被迫收紧货币流动性，全球经济在多重压力下持续下行。全球经济活动普遍放缓且比预期更为严重，国际权威机构连续下调 2022 年全球经济增速预测值。

2023 年，乌克兰危机持续甚至升级，可能破坏能源或粮食市场稳定，推升通胀并进一步冲击全球经济；高通胀短期内难以明显改善，美欧继续收紧货币政策，打击全球需求复苏。相对于新兴经济体而言，美欧等发达经济体下行压力更大，全球经济前景更加低迷。能源危机的风险仍存在，全球经济增长放缓拖累我国外需和外商投资增长，我国经济增长的外部环境仍复杂严峻。

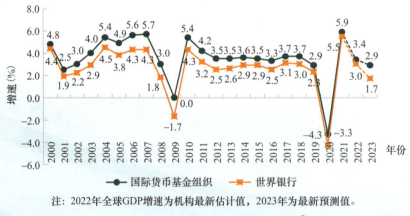

注：2022年全球GDP增速为机构最新估计值，2023年为最新预测值。

图 2-1　2000 — 2023 年全球经济增速 ❶

---

❶ 如无特殊说明，国际经济形势部分数据均来自 Wind。

乌克兰危机专栏

2022 年 2 月 24 日，俄罗斯对乌克兰发起特别军事行动，乌克兰危机爆发并迅速升级，双方展开了多轮冲突，目前处于僵持阶段。欧盟等西方国家对俄罗斯先后实行了十轮制裁，涉及金融、能源外贸等多个领域超 1.1 万项举措❶。

乌克兰危机冲击国际大宗商品市场，推升全球通胀水平，拖累全球经济复苏。双方冲突带来的破坏和西方国家的制裁严重限制了俄乌两国能源、粮食等大宗商品的生产和出口能力，加剧了全球大宗商品供需失衡，推升全球通胀水平。布伦特原油期货价格在 2022 年 3 月上旬一度飙升至接近 140 美元 / 桶，为 2008 年以来新高；欧洲 TTF 基准荷兰天然气期货价格高位激烈震荡，在 8 月下旬一度飙升至 339.2 欧元 /（MW·h）的历史高位；芝加哥期货交易所（CBOT）小麦、玉米主力合约期货价高位动荡，分别一度攀升至 1200、800 美分 / 浦式耳以上。能源短缺和通胀走高拖累全球特别是欧洲经济复苏，2022 年俄罗斯 GDP 下降 2.5%，欧元区 GDP 增长 3.5%，增速均较上年明显下滑。

图 2-2　2016 年以来主要大宗油气价格周度变化

---

❶ 来源于 Statista，https://www.statista.com/statistics/1293531/western-sanctions-imposed-on-russia-by-target/#:~:text=Published%20by%20Statista%20Research%20Department%2C%20Feb%202021%2C%202023,sanctions%20were%20placed%20on%20entities%20over%20that%20period.

　　乌克兰危机短期内难以和平解决，进一步升级的可能性较大。俄乌双方停战诉求难以调和，特别是关于乌克兰东南部四州的领土主张是完全对立的。2023年以来，俄罗斯扩军令生效，军事动员规模明显扩张，而美德等北约国家开始为乌克兰提供坦克等重型武器装备。同时，西方国家特别是欧盟对俄罗斯的经济制裁措施还在不断加码，加大了俄罗斯发动大规模攻势以结束危机的压力，乌克兰危机呈现扩大化态势。

　　能源短缺局面或将逐步缓解，粮食危机仍将持续。若危机限于俄乌双方，短期内仍将面临能源供应失衡的阵痛，但随着全球能源供需格局适应性调整，危机对全球能源市场的影响将边际减弱；受美元升值和债务负担加剧的叠加影响，对俄乌粮食依赖度较高的后发国家粮食危机风险仍较为突出。若危机进一步升级，将对全球经济形成毁灭性打击。

图 2-3　2016 年以来主要大宗农产品价格周度变化

美联储加息专栏

　　2022 年，受前期刺激政策、供给瓶颈、劳动力短缺以及乌克兰危机等因素影响，美国通胀率持续攀升，9 月 CPI 升至 9.1%，创 40 年来新高。在高通胀压力下，美联储退出前期宽松政策，自 3 月起连续 7 次上调联邦基金利率目标区间，累计上调 425 个基点至 4.25%～4.50%，创美联储 40 多年来最快加息纪录。美联储的激进加息还引发了全球"加息潮"，多数主要经济体的利率均有所上调。

　　美联储加息收缩本国经济，对全球经济产生明显的溢出效应。美联储加息抬升了利率水平，不仅打击了美国居民消费和企业投资，还通过贸易和资本流动渠道对其他经济体产生溢出效应。在贸易方面，加息压缩了美国消费和投资，减少其商品和服务进口，进而压制了原油等大宗商品价格。在资本流动方面，加息使得资本从新兴经济体流出，迫使新兴经济体跟随加息，恶化新兴经济体货币贬值、债务风险、信贷收缩等问题，甚至可能引发金融危机。

　　美联储将持续加息，但节奏或将有所放缓。2023 年 1 月 CPI 环比上升 0.5%，同比上升 6.4%。同时，美国 1 月失业率为 3.4%，为 1969 年 5 月以来最低值，劳动力市场持续紧张，"工资 - 通胀"螺旋式上升风险仍明显。2 月，美联储上调联邦基金利率目标区间 25 个基点，至 4.50%～ 4.75%。在通胀仍处于高位且顽固的情况下，美联储遏制通胀的决心未变，但考虑到通胀率小幅回落的趋势和货币政策的滞后性，加息节奏或将放缓。

　　美联储持续加息带来的经济危机风险加剧。目前主要经济体，特别是美欧已经出现衰退迹象，但通胀仍处于高位，兼顾压制通胀和实现经济"软着陆"的难度加大。美联储继续加息，将引发其他经济体继续跟随加息，全球需求将持续萎缩。如果供给约束和劳动力市场紧张局面得不到有效缓解，将引发滞胀式衰退，货币政策空间将进一步收窄。

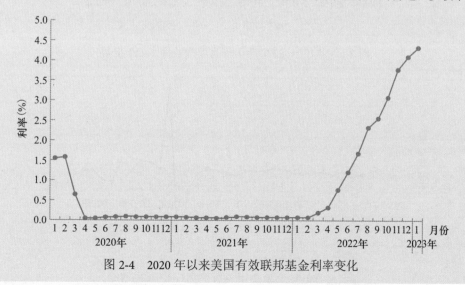

图 2-4　2020 年以来美国有效联邦基金利率变化

高通胀下美国经济或难以"软着陆"

2022 年，美国 GDP 增长 2.1%，季度季调环比折年率分别为 –1.6%、–0.6%、3.2%、2.9%，前两季度陷入"技术性衰退"。受供应链约束、乌克兰危机等多重因素影响，美国通胀水平居高不下。美联储自 3 月持续激进加息，加之财政刺激政策退坡，经济活动受到抑制，消费和投资增长不及预期。

2023 年，短期内通胀率难以降至美联储目标水平，劳动力市场紧张推升工资水平支撑通胀，迫使美联储在更长期时间内保持高利率水平。由于需求收缩和高利率将阶段性共存，企业将大幅缩减投资和去库存，进而导致劳动力需求减少、失业率上升。美国经济"软着陆"的可能性正在降低，短期内跌入实质性衰退的风险加剧。

图 2-5　2015 － 2022 年美国月度失业率、CPI 指数

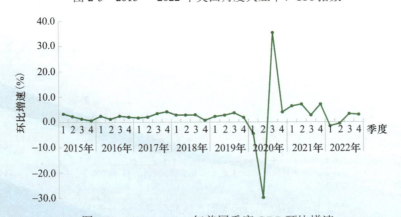

图 2-6　2015 － 2022 年美国季度 GDP 环比增速

多重挑战拖累欧盟经济步入衰退

2022 年，欧元区 GDP 增长 3.5%，季度季调环比增速分别为 0.6%、0.9%、0.3%、0.1%，增长动能趋弱。尽管疫情管控措施放松，但随着乌克兰危机在 2 月下旬开始爆发，欧元区供应链瓶颈明显加剧，能源与粮食价格快速上涨进一步推升通胀水平，迫使欧洲央行加快收紧货币流动性，生产和需求受到明显冲击，经济活动总体趋于低迷。

2023 年，在乌克兰危机持续和升级风险加剧下，货币政策收紧未能有效缓解高通胀，居民消费信心、企业投资仍将低迷，贸易条件难有改善，高通胀、低增长、紧货币的局面短期内难以得到改变，欧元区经济增长将继续放缓，在上半年大概率陷入停滞乃至衰退。

图 2-7　2015 — 2022 年欧元区月度失业率、CPI 指数

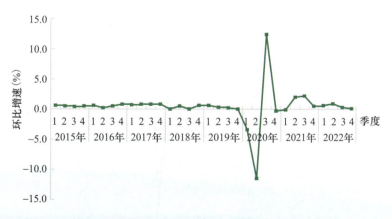

图 2-8　2015 — 2022 年欧元区季度 GDP 环比增速

积极宏观政策支撑日本经济弱复苏

2022 年，日本 GDP 增长 1.1%，季度季调环比增速分别为 –0.4%、1.1%、–0.3%、0.2%。在经历一季度疫情快速蔓延冲击后，日本经济在二季度有所回升，但随着乌克兰危机爆发、美联储货币政策收紧等效应显现，日元贬值压力加大，使得对外依赖度较高的日本经济承压，全年经济总体缓慢增长。

2023 年，全球经济下行、美联储加息进程等外部因素仍然影响日本经济，但日本并不会改变当前的宽松货币政策，并于 2022 年 10 月提出以应对物价上涨为核心的综合经济对策，日本经济有望在积极宏观经济政策的支持下保持缓慢增长。

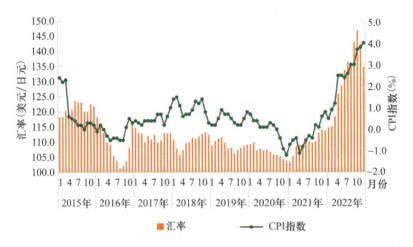

图 2-9　2015 － 2022 年日本月度汇率、CPI 指数

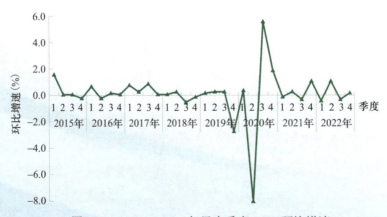

图 2-10　2015 － 2022 年日本季度 GDP 环比增速

新兴经济体增长动力总体减弱

2022 年，受全球通胀高企、美联储激进加息以及乌克兰危机影响，多数新兴经济体增长下行压力加剧；受益于能源价格飙涨，中东新兴经济体增长相对较快；东南亚新兴经济体由于疫情防控放松和全球出口份额上升，经济增长相对良好。

2023 年，新兴经济体国家面临更加严峻的内外部挑战。全球经济增长持续放缓，以及美欧等发达经济体延续加息进程，新兴经济体外需将继续收缩，资本外流、货币贬值、债务危机加剧等外部风险更加凸显，财政和货币政策空间不足的问题加剧。

亚洲新兴经济体	增长将受到全球经济放缓和贸易萎缩的影响
拉美与中东新兴经济体	高通胀和全球流动性收紧，金融风险加剧
非洲新兴经济体	在乌克兰危机和极端天气冲击下，粮食短缺问题将更加明显

（本节撰写人：吴陈锐　审核人：吴姗姗）

2.1.2　国内经济形势

短期调控政策与中长期战略相结合，支撑 2023 年经济运行整体好转

2023 年经济工作强调加大宏观政策调控力度，加强各类政策协调配合，形成共促高质量发展的合力，推动经济运行整体好转，助力质的有效提升和量的合理增长。

表 2-1　短期经济调控政策一览表（部分）

时间	机构及会议 / 政策文件名称	主要内容
2022 年 10 月 26 日	国务院常务会议	部署持续落实好稳经济一揽子政策和接续措施，要求财政金融政策工具支持重大项目建设和设备更新改造加快进度，部署加快释放扩消费政策效应，要求深入落实制造业增量留抵税额即申即退
2022 年 11 月 11 日	人民银行、银保监会《关于做好当前金融支持房地产市场平稳健康发展工作的通知》	出台涵盖保持房地产融资平稳有序、积极做好"保交楼"金融服务、积极配合做好受困房地产企业风险处置、依法保障住房金融消费者合法权益、阶段性调整部分金融管理政策、加大住房租赁金融支持力度等六方面共 16 条举措
2022 年 12 月 6 日	中共中央政治局会议	提出 2023 年经济工作要坚持稳字当头、稳中求进，继续实施积极的财政政策和稳健的货币政策，加强各类政策协调配合，优化疫情防控措施，形成共促高质量发展的合力
2022 年 12 月 15 — 16 日	2022 年中央经济工作会议	对 2023 年经济工作进行了部署。政策有五方面要求：积极的财政政策要加力提效、稳健的货币政策要精准有力、产业政策要发展和安全并举、科技政策要聚焦自立自强、社会政策要兜牢民生底线。强调五方面工作：着力扩大国内需求、加快建设现代化产业体系、切实落实"两个毫不动摇"、更大力度吸引和利用外资、有效防范化解重大经济金融风险。此外，要求全面推进乡村振兴，坚决防止出现规模性返贫；要求敢担当，善作为，察实情，创造性抓好贯彻落实，努力实现 2023 年经济发展主要预期目标
2022 年 12 月 20 日	国务院常务会议	部署深入抓好稳经济一揽子政策措施落地见效，确定加强重点商品保供稳价措施，部署持续做好稳就业保民生工作
2023 年 3 月 5 日	国务院《政府工作报告》	政府工作报告中指出，2023 年发展主要预期目标是：国内生产总值增长 5% 左右；城镇新增就业 1200 万人左右，城镇调查失业率 5.5% 左右；居民消费价格涨幅 3% 左右；居民收入增长与经济增长基本同步；进出口促稳提质，国际收支基本平衡；粮食产量保持在 1.3 万亿斤以上；单位国内生产总值能耗和主要污染物排放量继续下降，重点控制化石能源消费，生态环境质量稳定改善

　　"十四五"及中长期，我国坚持推动高质量发展，实施扩大内需战略和深化供给侧结构性改革，增强国内大循环内生动力和可靠性，提升国际循环质量和水平，加快建设现代化经济体系，推动经济在更高水平动态平衡中实现持续健康平稳发展。

表 2-2　中长期发展战略一览表（部分）

时间	机构及会议 / 政策文件名称	主要内容
2022 年 1 月 12 日	国务院《关于印发"十四五"数字经济发展规划的通知》	提出发展数字经济的目标与方案，部署八个方面重点任务，为数字经济未来发展做出全面描绘和要求，其中要求加快推动智慧能源建设应用，深入推动能源行业的低碳转型
2022 年 5 月 6 日	中共中央办公厅、国务院办公厅《关于推进以县城为重要载体的城镇化建设的意见》	提出到 2025 年以县城为重要载体的城镇化建设取得重要进展的目标，以及科学把握功能定位，分类引导县城发展方向；培育发展特色优势产业，稳定扩大县城就业岗位；深化体制机制创新，为县城建设提供政策保障等七方面措施
2022 年 7 月 12 日	国家发展改革委《"十四五"新型城镇化实施方案》	到 2025 年全国常住人口城镇化率稳步提高，"两横三纵"城镇化战略格局全面形成，城市群承载人口和经济的能力明显增强，重点都市圈建设取得明显进展；城市可持续发展能力明显增强，能源资源利用效率大幅提升
2022 年 7 月 15 日	农业农村部等 4 部委《关于推进政策性开发性金融支持农业农村基础设施建设的通知》	以"十四五"规划明确的现代农业农村建设工程为基础，围绕农业农村基础设施建设重点领域，创新投融资体制机制，撬动金融社会资本，强化信贷资金保障
2022 年 10 月 25 日	党的二十大报告	指明中国式现代化的本质要求，提出全面建成社会主义现代化强国的战略安排，以及到 2035 年的总体目标、未来五年的主要目标任务
2022 年 12 月 14 日	中共中央、国务院《扩大内需战略规划纲要（2022－2035 年）》	提出 2035 年实施扩大内需战略的远景目标，以及"十四五"时期实施扩大内需战略的主要目标。提出加快培育完整内需体系、促进形成强大国内市场、支撑畅通国内经济循环等方面重点任务

中央经济工作会议专栏

2022 年 12 月 15－16 日，中央经济工作会议（以下简称"会议"）在北京召开，习近平在重要讲话中总结 2022 年经济工作，分析当前经济形势，部署 2023 年经济工作；李克强对 2023 年经济工作做了部署。会议要求，2023 年要坚持稳字当头、稳中求进，继续实施积极的财政政策和稳健的货币政策，加大宏观政策调控力度，加强各类政策协调配合，推动经济运行整体好转，实现质的有效提升和量的合理增长，为全面建设社会主义现代化国家开好局起好步。本次会议精神主要表现为"五大政策部署""六个更好统筹""做好五项工作"等内容。

| 五大 | 政策部署 | 六个 | 更好统筹 | 五项 | 重点工作 |

五大 政策部署
- 积极的财政政策要加力提效
- 稳健的货币政策要精准有力
- 产业政策要发展和安全并举
- 科技政策要聚焦自立自强
- 社会政策要兜牢民生底线

六个 更好统筹
- 更好统筹疫情防控和经济社会发展
- 更好统筹经济质的有效提升和量的合理增长
- 更好统筹供给侧结构性改革和扩大内需
- 更好统筹经济政策和其他政策
- 更好统筹国内循环和国际循环
- 更好统筹当前和长远

五项 重点工作
- 着力扩大国内需求
- 加快建设现代化产业体系
- 切实落实"两个毫不动摇"
- 更大力度吸引和利用外资
- 有效防范化解重大经济金融风险

相较于往年，2022年会议有以下几点值得重点关注：

一是 恢复和扩大消费摆在优先位置，与近期中央印发的《扩大内需战略规划纲要（2022－2035年）》紧密呼应

二是 财政政策、货币政策定调分别由"提升效能""灵活适度"调整为"加力提效""精准有力"，表述上更加积极

三是 要求切实落实"两个毫不动摇"，鼓励平台企业大显身手，旨在提振民营企业信心

四是 有效防范化解重大经济金融风险，房地产是重点，要确保房地产市场平稳发展

五是 优化调整疫情防控政策，确保顺利度过流行期

扩大内需战略专栏

2022 年 12 月 14 日，中共中央、国务院印发《扩大内需战略规划纲要（2022 — 2035 年）》（以下简称《纲要》），全面阐释我国实施扩大内需战略的规划背景，明确总体要求，提出八个方面重点任务。

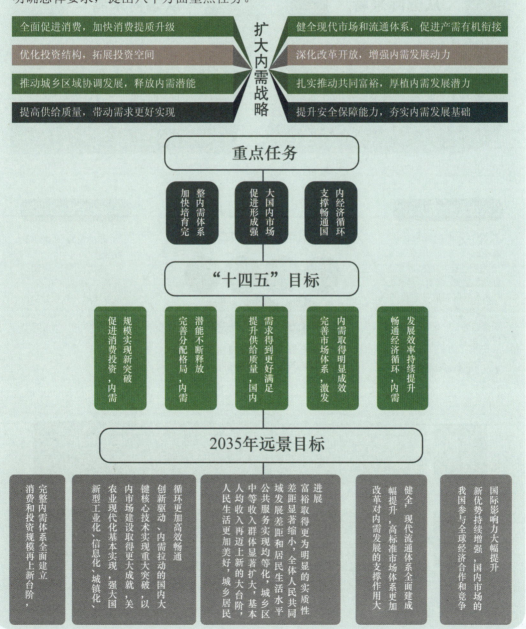

《纲要》对实施扩大内需战略进行长远谋划，将扩大内需从宏观政策提升为战略规划，对短期稳增长和长期促发展具有重要意义。

从国际来看

面对复杂严峻的外部环境，外向型经济发展模式风险挑战明显增多，扩大内需是应对国际环境深刻变化的必然要求。

从国内来看

需求不足是当前经济运行面临的突出矛盾，扩大内需战略是解决人民日益增长的美好生活需要和不平衡不充分的发展之间的矛盾、推动供需在更高水平上实现良性循环的现实需要。

促进消费的发力点

① 提升衣食住行等传统消费；
②发展文化、旅游、养老、育幼、健康、教育、体育、家政、社区等服务消费；
③ 加快培育"互联网＋社会服务"、共享经济、社交电商、直播等新型消费；
④大力倡导绿色低碳消费。

扩大内需战略的落脚重点在

促进消费和拓展投资

联合发力，全方位激发内需动能充分释放。

拓展投资的发力点

① 支持制造业高质量发展投资；
② 推进交通、能源、水利、物流、民生等重点领域补短板投资；
③ 系统布局信息、网联、创新等领域新型基础设施投资。

短期来看 我国消费将呈回暖趋势，出行相关消费、服务类消费支出恢复弹性更大，基建、制造投资保持韧性。

中长期看 我国将转向消费驱动型国家，消费率将继续提升，消费市场将迎来大发展的机遇，商品消费将提质升级，服务领域消费的增长潜力更大。在制造业、新老基建积极投资的加持下，固定资产投资将保持合理增长。

2023 年我国经济有望整体明显好转

我国经济韧性强、潜力大、活力足，长期向好的基本面没有变；疫情防控措施加快优化调整，疫情对经济的影响将显著减小；存量、增量宏观政策叠加发力，加之基数效应明显，预计 2023 年我国经济运行有望整体明显好转。考虑国际经济、疫情形势、房地产政策效果等不确定因素，进行高、中、低三个方案预测。三种方案下，预计 2023 年 GDP 分别增长 5.0%、6.0%、7.0%，两年平均增速分别为 4.0%、4.5%、5.0%。分季度看，2023 年一季度疫情防控对经济产生短期扰动，二季度之后经济将加快恢复。在中方案下，四个季度 GDP 增速分别为 4.5%、8.0%、5.2%、6.2%，两年平均增速分别为 4.6%、4.1%、4.5%、4.5%。

图 2-11　2023 年我国经济增长预测（分方案）

表 2-3　2023 年我国经济增长预测（分方案）　　　单位：%

指标	2022 年	2023 年		
		低方案	中方案	高方案
GDP	3.0	5.0	6.0	7.0
投资	5.1	6.8	7.3	7.8
消费	−0.2	13.5	15.0	16.5
出口	10.5	−1.0	3.5	6.0
第一产业	4.1	4.0	5.0	5.5
第二产业	3.8	5.2	5.9	6.7
第三产业	2.3	4.9	6.3	7.5

中方案发生概率最大，在此方案下，预计 2023 年经济增长 6.0% 左右，其中，三次产业增速分别为 5.0%、5.9% 和 6.3%。从三驾马车来看：

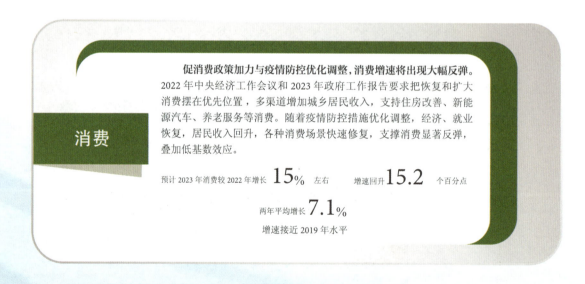

促消费政策加力与疫情防控优化调整，消费增速将出现大幅反弹。2022 年中央经济工作会议和 2023 年政府工作报告要求把恢复和扩大消费摆在优先位置，多渠道增加城乡居民收入，支持住房改善、新能源汽车、养老服务等消费。随着疫情防控措施优化调整，经济、就业恢复，居民收入回升，各种消费场景快速修复，支撑消费显著反弹，叠加低基数效应。

消费

预计 2023 年消费较 2022 年增长 **15**% 左右　　增速回升 **15.2** 个百分点

两年平均增长 **7.1**%

增速接近 2019 年水平

基建投资仍是重要支撑，固定资产投资增速将高于疫情前水平。 2022年中央经济工作会议和2023年政府工作报告要求积极的财政政策加力提效，赤字率拟按3%安排，高于上年0.2个百分点。稳健的货币政策精准有力，支持实体经济发展。投资的财政金融环境总体偏宽松；通过政府投资和政策激励有效带动全社会投资，加快实施"十四五"重大工程，基建投资有望保持较快增长；支持刚性和改善性住房需求，"金融16条"等政策进一步助力房地产市场风险化解，房地产投资将企稳回升。外需拉动减弱、盈利转负掣肘制造业投资，国内产业升级加快支撑制造业投资温和复苏。2022年12月，《扩大内需战略规划纲要(2022－2035年)》《"十四五"扩大内需战略实施方案》出台，从加大制造业投资支持、各类设施补短板、新基建等方面进一步拓展投资空间。

投资

预计2023年固定资产投资较2022年增长 **7.3**% 增速回升 **2.2** 个百分点

两年平均增长 **6.2**% 稍高于疫情前水平

出口

外需疲软叠加价格涨幅放缓，出口增速承压下行。 2022年中央经济工作会议和2023年政府工作报告要求继续发挥出口对经济的支撑作用。一方面,2023年美欧经济增速放缓将严重拖累我国外需增长。同时，美国主导的"印太经济框架"下，我国制造业产业链外迁规模增大，东南亚、南亚、拉美等地区承接我国产业转移，替代我国出口份额。另一方面，"一带一路"不断扩容和发展、RCEP价值逐渐显现等积极因素，对我国贸易稳定增长起重要支撑作用。

预计2023年我国出口较2022年增长 **3.5**% 增速下降 **7** 个百分点

> 受疫情冲击较大的区域呈现恢复性反弹；区域协调发展、承接产业转移仍是中西部地区发展的主要动力，经济增速快于东部地区

从短期扰动因素看，2022年，上海、北京、吉林等地区遭受突发疫情冲击，经济增速均出现明显下滑。2023年，在国内防控政策优化和低基数下，上海、北京、吉林等地区经济将呈现恢复性反弹。

从长期发展因素看,我国已经初步形成了"总体战略+战略规划+实施战略+协调机制"四位一体的区域发展战略体系基本框架,这将进一步优化我国区域发展格局、不断培育和释放发展潜力、充分发挥我国超大规模市场优势和内需潜力。

拥有人力资本集中、科技水平高、制造能力强、产业链供应链相对完备、市场潜力大和改革开放条件好等综合优势,是我国高质量发展的重要动力源。

凭借国内产业转移和布局优化政策持续推进并释放红利,在绿色能源、数字贸易、运输、文化旅游等领域发展优势凸显,产业投资潜力较大。

表2-4 2023年各省份经济增速预测（中方案）　　　　　　　单位：%

省份	2022年	2023年预测	省份	2022年	2023年预测
北京	0.7	6.5	湖北	4.3	7.6
天津	1.0	4.5	湖南	4.5	7.8
河北	3.8	6.5	广东	1.9	4.8
山西	4.4	7.0	广西	2.9	5.6

续表

省份	2022 年	2023 年预测	省份	2022 年	2023 年预测
内蒙古	4.2	4.9	海南	0.2	8.3
辽宁	2.1	5.3	重庆	2.6	7.2
吉林	-1.9	6.2	四川	2.9	7.0
黑龙江	2.7	4.8	贵州	1.2	7.0
上海	-0.2	7.5	云南	4.3	7.0
江苏	2.8	6.0	西藏	1.1	8.5
浙江	3.1	6.4	陕西	4.3	5.5
安徽	3.5	7.2	甘肃	4.5	5.7
福建	4.7	6.9	青海	2.3	7.1
江西	4.7	8.0	宁夏	4.0	6.3
山东	3.9	5.5	新疆	3.2	6.9
河南	3.1	7.2			

（本节撰写人：张莉莉　审核人：吴姗姗）

2.2　中观环境

2.2.1　重点行业：黑色金属

2023 年，预计黑色金属行业将保持平稳运行态势

用钢需求有望止跌回升

2022 年　受房地产市场下行、疫情反复等因素影响，主要用钢行业钢材消费强度下降，据中国钢铁工业协会估算，全年粗钢表观消费量 9.6 亿 t，比上年下降 3.4%。

51

用钢需求
有望止跌回升

2023 年 全球经济增势放缓，对我国机电类产品出口造成较大压力，国内经济稳中求进，在政策支持下，投资仍将保持较大规模，房地产用钢下滑趋势有望收窄，基建用钢仍将发挥托底作用，机械行业保持平稳增长，汽车行业用钢需求平稳增长，家电行业用钢需求有望回升。预计 2023 年用钢需求将略高于上年消费水平。

2022 年 我国黑色金属冶炼和压延加工业产能利用率仅为 76.3%，比上年下降 2.9 个百分点，粗钢、钢材产量同比"双降"，分别减少 2.1%、0.8%，受需求减弱、价格下跌、成本上升等因素影响，钢铁会员企业利润大幅下滑，比上年减少 72%。

供需矛盾依旧
严峻，产量已进
入峰值平台期

2023 年 受用钢需求有所回暖拉动，预计主要产品产量有望小幅回升，粗钢维持在 10 亿 t 左右的产量水平。

据世界钢铁工业协会统计，我国电炉钢比重已超过 10% 并逐年增长，电炉钢比重不断提升带动生产用能方式转变；受环保约束更加严格影响，钢铁企业普遍开展超低排放改造，相关环保设备用电持续增长；我国钢铁行业产能依然供大于求，但维持生产设备不停机仍然需要用电，存在空耗现象，造成单位产品电耗持续增长。

单位产品电耗
将持续上升

根据经济复苏态势、产能和下游行业用钢需求变化等因素综合判断，预计 2023 年粗钢产量达到 10.2 亿 t，比上年增长 0.7%。

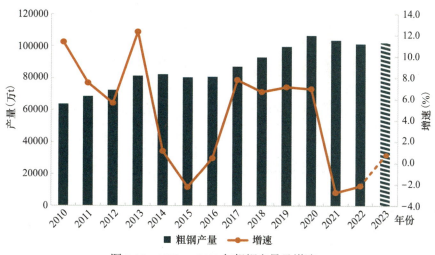

图 2-12　2010 － 2023 年粗钢产量及增速

综合考虑钢铁行业用电量占黑色金属行业用电量的比重，预计 2023 年黑色金属行业用电量 6163 亿 kW·h，比上年增长 1.2%。

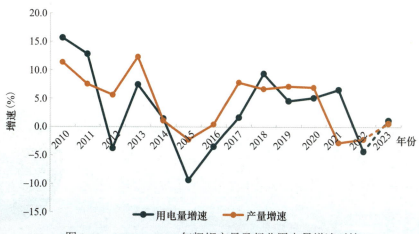

图 2-13　2010 － 2023 年粗钢产量及行业用电量增速对比

图 2-14　2010－2023 年黑色金属行业用电量

（本节撰写人：冀星沛　审核人：吴姗姗）

2.2.2　重点行业：有色金属

2023 年有色金属行业将持续稳定运行，总体呈现前低后高态势

传统需求企稳，绿色需求持续增长，总体需求有望回暖

2022 年　房地产等领域传统需求持续偏弱，光伏和电网建设贡献了较多需求增量。

2023 年　受经济复苏、房地产政策刺激等因素影响，房地产行业困境翻转有望拉动工业金属需求，建筑领域用铝仍将维持负增长，但降幅收窄；同时，新能源领域需求持续增长，光伏领域、新能源汽车需求向好将持续拉动铝消费。

2022 年　国内电解铝产能略有增长，截至 12 月底电解铝建成产能初值 4494.6 万 t，已接近合规产能"天花板" 4554 万 t。

2023 年　在"双碳"目标要求下电解铝产能增长将严格受限，新投产能净增加 216.85 万 t[1]，供应增量呈前高后低态势。

产能触及"天花板"，供应增量将主要来自复产

---

[1] 数据来源于 Mysteel。

2022 年　在供给受限、需求回落背景下，铝价波动较大，总体呈先扬后抑态势。

铝价呈现先抑后扬态势，行业利润有望增长

2023 年　受国内经济复苏预期带来的需求回暖和产能限制带来的供给刚性凸显叠加，铝价有望震荡上行；同时，"双碳"相关政策有望推动行业水电铝、核电铝等清洁能源产能占比提升，行业利润将得到改善。

根据经济复苏态势、产能和下游行业需求变化等因素综合判断，预计 2023 年全年电解铝产量达到 4122 万 t，比上年增长 2.5%；电解铝行业用电量 5584 亿 kW·h，比上年增长 2.3%。

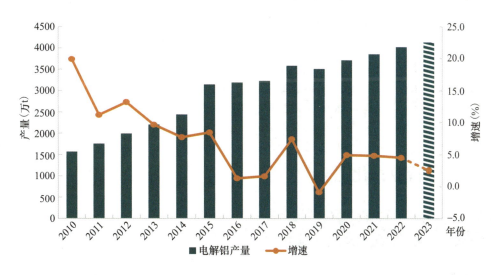

图 2-15　2010 — 2023 年电解铝产量及增速

综合考虑电解铝用电量占有色金属行业用电量的比重，预计 2023 年有色金属行业用电量 7150 亿 kW·h，比上年增长 2.8%。

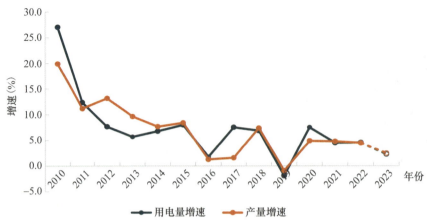

图 2-16 2010 — 2023 年电解铝产量及用电量增速对比

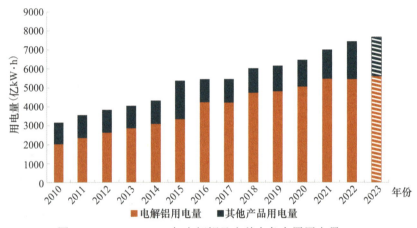

图 2-17 2010 — 2023 年电解铝及十种有色金属用电量

（本节撰写人：刘小聪 审核人：吴姗姗）

2.2.3 重点行业：化工

2023 年化工行业供需两端有所好转，总体呈现稳中向好态势

行业需求有望逐步回暖

　　2022 年 疫情多发频发及房地产市场景气深度下行极大地拖累化工行业市场需求。

行业需求有望逐步回暖

2023 年 随着国内疫情管控举措放开，稳增长政策持续加码发力，经济运行整体好转、就业和收入改善在消费端直接带动化工行业需求增长；在政策性金融工具支持下，基建投资建设将保持较快增长，房地产密集支持政策下市场竣工和交易逐步企稳，间接推动化工行业需求逐步修复。从外需看，能源短缺给欧美等化工企业形成的冲击短期难以熨平，而人民币贬值效应开始显现，化工行业出口有望保持增长。

2022 年 受乌克兰危机影响，全球原油价格震荡走高，对全球及我国化工行业生产形成极大冲击。

2023 年 随着美联储持续加息、全球经济增长预期回落，全球原油价格中枢将继续回落；同时，国内能源保供举措持续发力，油气企业将落实增储上产，我国化工企业的成本压力得到缓解。国内宏观经济预期好转，化工企业利润有望好转，行业生产意愿将有所增强。从产能看，项目投资力度持续加大，据中国石油和化学工业联合会统计，"十四五"以来在石油化工、化工新材料等领域的投资项目多达 280 个，投资金额超 1.6 万亿元。

行业生产将实现良好增势

行业产品价格将高位回落

2022 年 受原油价格支撑、局部生产受限等因素影响，多数化工产品价格明显上涨。

2023 年 随着国际原油价格中枢回落，国内油气供应增储上产，原材料价格回落缓解我国化工生产的成本压力，带动我国化工产品价格下行，同时，疫情防控举措的优化，减少了行业生产和物流运转的阻滞，为行业扩大生产提供支撑。尽管行业需求逐步回暖，但在行业产能持续扩张和生产意愿回暖的情况下，供过于求的供需矛盾仍将延续，化工产品价格将呈现下行态势。

总体判断，预计 2023 年化工行业供需两端有所好转，价格逐步回归合理区间，行业运行呈现稳中向好态势。预计全年烧碱、化肥产量分别达 4060 万、5554 万 t，分别比上年增长 2.0%、1.5%；全年用电量分别达 694 亿、717 亿 kW·h，分别比上年增长 1.5%、1.0%。

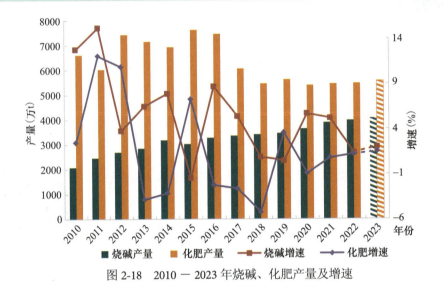

图 2-18 2010 — 2023 年烧碱、化肥产量及增速

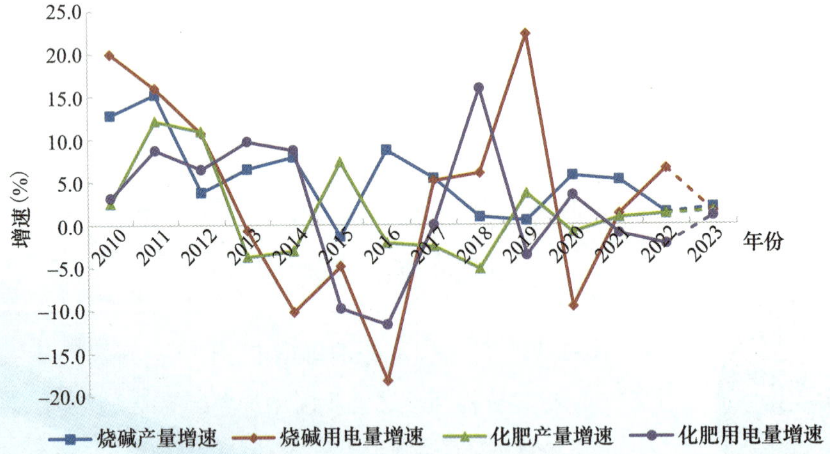

图 2-19 2010 — 2023 年烧碱、化肥产量及用电量增速对比

综合考虑烧碱、化肥用电量占化工行业用电量的比重，预计化工行业全年用电量 5624 亿 kW·h，比上年增长 1.3%。

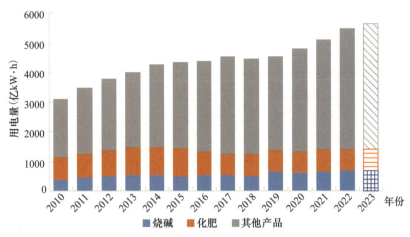

图 2-20　2010 － 2023 年烧碱、化肥及化工行业用电量

（本节撰写人：吴陈锐　审核人：吴姗姗）

2.2.4　重点行业：建材

2023 年建材行业运行有望企稳，但改善空间有限

基建仍有发力空间，房地产市场改善，需求复苏迹象初现

2022 年　受房地产投资持续萎缩、疫情冲击等因素影响，水泥需求大幅下降。

2023 年　预计基建投资继续保持较快增长，房地产市场有望触底企稳，水泥需求再次大幅下滑的概率较低，全年水泥需求预计与 2022 年总体持平。

2022 年　面对低迷的市场需求，水泥企业强化错峰生产以缓解库存压力。

2023 年　预计水泥行业将严格落实产能置换政策，加快化解过剩产能，加大错峰生产力度，水泥供应随市场需求和政策调控动态收缩。

错峰生产力度加大，水泥供应动态收缩

供过于求的矛盾仍然突出，行业效益保持稳定态势

2022 年　供需失衡致使水泥行业竞争加剧，水泥价格波动下降，行业效益下降明显。

- -

2023 年　水泥需求有望企稳，供过于求的矛盾将有所缓和但仍较为突出，水泥价格反弹空间有限，煤炭价格高位震荡挤占水泥成本下降空间，预计 2023 年行业效益保持稳定态势。

根据经济复苏态势、产能和下游行业需求变化等因素综合判断，预计 2023 年全年水泥产量达到 21.3 亿 t，比上年增长 0.5%；考虑水泥生产电耗变化趋势，预计 2023 年水泥行业用电量 1255 亿 kW·h，比上年下降 0.5%。

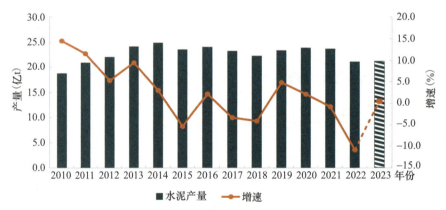

图 2-21　2010 － 2023 年水泥产量及增速

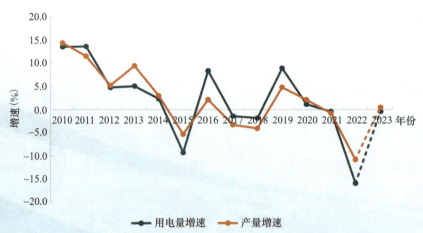

图 2-22　2010 － 2023 年水泥产量及用电量增速对比

　　综合考虑水泥用电量占建材行业用电量的比重，预计 2023 年建材行业用电量 4049 亿 kW·h，比上年增长 0.8%。

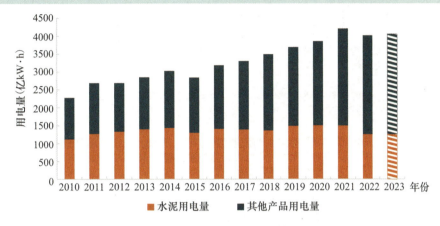

图 2-23　2010 — 2023 年水泥及建材行业用电量

（本节撰写人：许传龙　审核人：吴姗姗）

2.2.5　重点行业：新型基础设施

新型基础设施建设加速推进，为电力需求增长提供有力支撑

　　新型基础设施建设涉及产业链广，"一业带百业"的作用显著，自 2020 年起连续三年政府工作报告中均提出要加强新型基础设施建设，各地区也先后出台一系列建设目标和助力政策。在此背景下，预计未来一段时期新型基础设施建设将加速推进，从而为电力需求增长提供有力支撑。

表 2-5　部分省份助力新型基础设施建设的相关表述

省份	新型基础设施建设主要内容
上海	实现"2023 年全市新建成 5G 基站 1 万个"的目标，要求 5G 网络流量占比超过 60%，5G 基站密度保持全国第一
湖北	加快推进"东数西算"中部枢纽节点、中金武汉数谷等 25 个重大项目，新建 5G 宏基站 2 万个以上
北京	系统推进新一代数字集群专网、边缘计算体系等新型基础设施建设，新增 5G 基站 1 万个以上
河南	《2023 年河南省数字经济发展工作方案》明确，新型基础设施建设完成年度投资 500 亿元。打造 5G 精品网络，5G 基站总数突破 18 万个，数据中心机架数超 9 万架，全省物联网终端用户突破 1 亿户
安徽	2023 年安徽省政府工作报告提出，适度超前推动基础设施投资，加快实施"十四五"重大工程，推动一批交通、能源、水利、新基建等重大项目建设
贵州	2023 年贵州省政府工作报告明确，大力推进新基建
山西	2023 年，新建公共充电桩 3 万台
广西	开工广西海上风电示范项目；新增充电桩 1.5 万台以上
内蒙古	进一步推进电动汽车充电设施建设，公共停车场配套建设充电基础设施的车位占总车位的比例达到 10% 以上
四川	实施"电动四川"行动计划，加快充换电设施建设，打造成渝氢走廊、电走廊、智行走廊
云南	总投资 23.85 亿元的云南玉溪高新区龙泉片区智慧园区新基础设施建设项目开工

2023 年在运 5G 基站同比多增 60%，全年用电量有望超过 400 亿 kW·h

截至 2022 年底，我国累计建成并开通 5G 基站 231.2 万个，其中 2022 年全年新建 5G 基站 88.7 万个。根据中国信息通信研究院统计[3]，截至 2022 年国家层面累计出台 10 余个政策文件，全国 31 个省（区、市）共出台 100 余项 5G、工业互联网相关支持政策，2023 年 5G 基站新增规模依然可观。

结合新增 5G 基站建设规模，综合考虑运行效率、节能提效等指标计算 5G 基站单位电耗，预计 2023 年 5G 基站用电量将超过 400 亿 kW·h。

表 2-6　国家层面出台的 5G 相关政策文件（部分）

政策名称	时间	部门
《关于深化"互联网＋先进制造业"发展工业互联网的指导意见》	2017	国务院
《工业互联网网络建设及推广指南》	2019	工业和信息化部
《"5G＋工业互联网"512 工程推进方案》	2019	工业和信息化部
《"5G＋工业互联网"十个典型应用场景和五个重点行业实践》	2021	工业和信息化部
《"5G＋工业互联网"十个典型应用场景和五个重点行业实践（第二批）》	2021	工业和信息化部
《5G 全连接工厂建设指南》	2022	工业和信息化部

地方相关政策出台情况（100 余份）

顶层设计

需求型政策工具
20 个以上政策突出培育行业
50 个以上政策突出培育应用场景
40 个以上政策推进示范项目、示范园区、产业园区等建设

供给型政策工具
40 个以上政策提出专项支持
30 个以上政策突出技术创新
20 个以上政策培育关键产品

环境型政策工具
30 个以上政策支持建设公共服务平台
30 个以上政策加强培育复合型人才
10 个以上政策突出培育解决方案提供商

江苏、湖北、河南、云南等地出台"5G＋工业互联网"专项政策

2023 年数据中心在用规模达到 700 万标准机架，全年用电量有望超过 1500 亿 kW·h

2022 年，全国在用数据中心机架总规模超过 650 万标准机架，净增数量超过 100 万标准机架。根据《新型数据中心发展三年行动计划（2021－2023 年）》（工信部通信〔2021〕76 号）要求的"到 2023 年底全国数据中心机架规模年均增速保持在 20% 左右"的目标计算，2023 年全国在用数据中心机架总规模超过 700 万标准机架。

结合 2023 年新增数据中心规模，综合考虑运行效率、节能提效等指标计算数据中心单位电耗，预计 2023 年数据中心用电量将超过 1500 亿 kW·h。

2023 年新能源汽车规模有望突破 2000 万辆大关，全年用电量增长超过 50%

电动汽车配套环境持续优化。 根据中国电动汽车充电基础设施促进联盟发布数据显示，2022 年中国充电基础设施新增 259.3 万台，截至 2022 年 12 月，全国充电基础设施累计数量为 521 万台，比上年增长 99.1%。按照联盟内成员单位保有的公共充电桩规模计算，保有量前十的省份占比达 71.3%。

电动汽车规模有望迈上新台阶。 根据行业与市场发展趋势，2023 年新能源汽车保有量将突破 2000 万辆。按照 80% 的纯电动汽车比重计算，2023 年电动汽车充电量约为 460 亿 kW·h，比上年增长 53%。

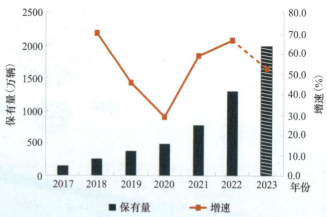

图 2-24 2017 年以来新能源汽车保有量及增速

（本节撰写人：吴姗姗 审核人：汲国强）

2.2.6 气候气象

2023 年夏季气温接近常年同期到偏高，但综合强度或不及 2022 年

从全球气候变暖看，2023 年夏季平均气温大概率接近常年同期到偏高，极有可能出现区域性高温天气过程。从历史规律看，我国夏季平均气温总体呈波动上升趋势，但出现多年气温持续上升的概率较小，2023 年夏季高温综合强度或不及 2022 年，负荷增速或较上年有所降低。

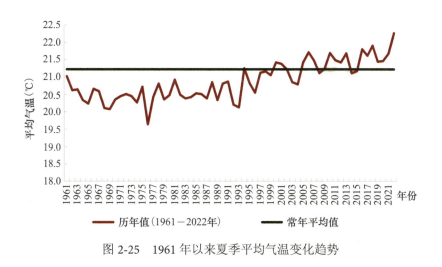

图 2-25 1961 年以来夏季平均气温变化趋势

2023 年冬季出现阶段性强降温过程概率较大

从 1961 年有完整气象观测记录以来，我国冬季平均气温整体呈上升趋势，季节内气温距平前后不一致的特征在增强。预计冬季气温接近常年同期，可能出现阶段性强降温过程，造成短时电力需求超预期增长。

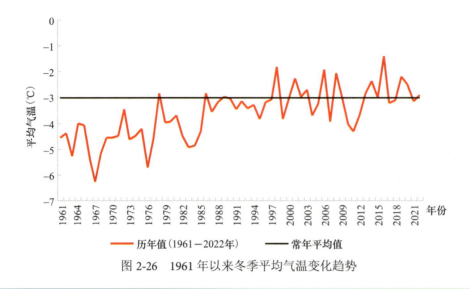

图 2-26　1961 年以来冬季平均气温变化趋势

专栏：中国风光资源气候风险时空变化特征分析[4]

　　风光新能源发电具有间歇性和波动性特点，发电出力"靠天吃饭"，当出现连续多天"无风无光"气象条件时，仅依靠新能源难以满足电力供应。基于我国 2007 — 2014 年高分辨率风能、太阳能资源数据库，定量分析了全国"无风无光"（风速不大于 3 m/s，同时水平面总辐射不大于 30 W/m² ）等事件的时空变化特征，发现：

从季节来看

秋冬季较高：秋季无风无光事件的出现时间占秋季总时长的比重最高，达到 4%。

春夏季较低：除新疆地区准噶尔盆地和塔里木盆地两处盆地边缘地区外，全国大部地区春夏季发生无风无光事件频次小于 10 次。

从频次来看

高频地区（全年 >20 次）：新疆、云南、重庆、湖南

中频地区（10 ～ 20 次）：福建、浙江、江西等

低频地区（全年 <10 次）：东北地区、华北平原

　　以上结论通过分析历史数据得出。气候变化背景下，未来风光资源气候风险的演化还存在不确定性，需要滚动跟踪研判。

（本节撰写人：姚力　审核人：吴姗姗）

2.2.7   一次能源：煤炭

国际煤炭价格高位运行，煤炭进口规模小幅回升

2022 年，受乌克兰危机、极端天气等因素影响，国际煤炭供需总体紧张，年中港口煤价连创近年来新高。虽然年底各国需求下降，库存有所增长，煤炭价格较高点有所回落，但仍运行在高位。2023 年，地缘政治存在较大的不确定性，气候变化背景下全球极端天气多发频发可能导致能源需求超预期增长，煤炭作为储备丰富、发电稳定、转换灵活的一次能源，仍是各国保障能源安全的重要选择，预计国际煤炭供需紧张格局较 2022 年有所缓和，但难以得到根本性缓解。

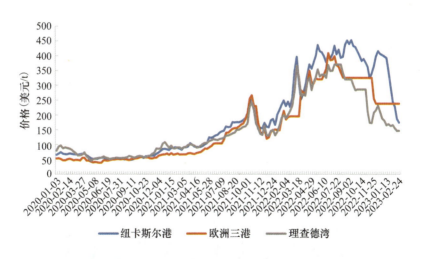

图 2-27   2020 年以来国际主要港口煤炭价格指数 ❶

随着国际煤炭供需缓和，进口煤价格优势凸显，有利于我国加大煤炭进口力度。预计2023 年我国进口煤量将达到 3.3 亿 t 左右，比上年增加 0.4 亿 t。

---

❶ 数据来源于煤炭市场网。

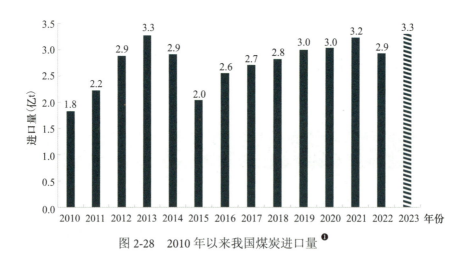

图 2-28　2010 年以来我国煤炭进口量❶

我国煤炭产量有望连续第三年创新高

2021 年来，国家有关部门先后出台了加快煤矿产能核增、加快推动在建项目投产、加快核准新建煤矿项目，推动煤炭生产企业与煤电、供热企业 100% 签订中长期合同等一系列煤炭保供稳价政策措施，有力保障了我国能源的安全稳定供应。但受煤炭产量已经处于高位、后期安全监管可能加大等因素影响，进一步增产空间有限，预计 2023 年国内煤炭产量将达到 45.5 亿 t 左右，比上年增加 0.5 亿 t，增长 1%。

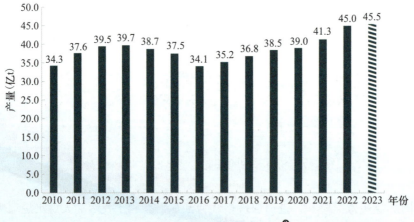

图 2-29　2010 年以来原煤产量❷

---

❶ 数据来源于国家统计局网站。
❷ 数据来源于国家统计局网站、煤炭市场网。

表 2-7　2021 年以来我国出台的煤炭保供相关政策

文件名称	发布时间	发布单位	主要内容
《关于完善燃煤电厂安全存煤要求的通知》	2021 年 10 月 11 日	国家发展改革委	建立健全淡旺季差别化存煤制度，制定了燃煤电厂存煤管理相关要求，提出了完善燃煤电厂安全存煤要求的保障措施
《关于进一步完善煤炭市场价格形成机制的通知》	2022 年 2 月 24 日	国家发展改革委	明确了煤炭中长期交易价格的合理区间，其中秦皇岛港下水煤（5500 大卡）价格合理区间为 570 ~ 770 元/t，山西、陕西、蒙西煤炭（5500 大卡）出矿环节价格合理区间分别为 370 ~ 570、320 ~ 520、260 ~ 460 元/t，蒙东煤炭（3500 大卡）出矿环节价格合理区间为 200 ~ 300 元/t
《关于开展 2022 年煤炭中长期合同签订履约专项核查工作的通知》	2022 年 3 月 16 日	国家发展改革委	煤炭企业签订的中长期合同数量应达到自有资源量的 80% 以上，发电供热企业年度用煤应实现中长期供需合同全覆盖。重点核查合同签订数量落实情况、合同价格机制落实情况
《关于成立工作专班推动煤炭增产增供有关工作的通知》	2022 年 3 月 18 日	国家发展改革委	主要产煤省区和中央企业全力挖潜扩能增供，年内再释放产能 3 亿 t/年以上，日产量达到 1260 万 t 以上
《关于调整煤炭进口关税的公告》	2022 年 4 月 26 日	国务院关税税则委员会	自 2022 年 5 月 1 日至 2023 年 3 月 31 日，对所有煤炭实施税率为零的进口暂定税率
《煤炭价格调控监管政策系列解读》	2022 年 5 月 7 日—25 日	国家发展改革委	各类、各环节煤炭中长期合同价格均应在合理区间内，煤炭中长期合同不得捆绑销售现货变相超出价格合理区间，煤炭企业不得通过不合理提高流通费用等方式变相大幅度提高煤炭销售价格，销售给发电供热企业或热值低于 6000 大卡的煤炭一般可视为动力煤，煤炭企业不得通过关联方大幅度提高价格出售煤炭。对哄抬价格的煤炭经营者将依法处罚
《关于印发第十次全国深化"放管服"改革电视电话会议重点任务分工方案的通知》	2022 年 10 月 15 日	国务院办公厅	在确保安全生产和生态安全的前提下，加快煤炭核增产能相关手续办理，推动已核准煤炭项目加快开工建设。督促中央煤炭企业加快释放先进煤炭产能，带头执行电煤中长期合同
《国务院常务会议部署进一步做好重要民生商品和能源保供稳价等工作保障群众生活和企业生产需求等》	2023 年 1 月 3 日	国务院常务会议	进一步抓好能源保供。持续释放煤炭先进产能，落实帮扶煤电企业纾困政策，支持能源企业节日安全正常生产，强化能源调度，做好电力、天然气顶峰保供预案，确保民生用能，加强重点地区、行业和企业用能保障
《煤矿安全改造中央预算内投资专项管理办法》	2023 年 2 月 2 日	国家发展改革委、国家能源局等四部门	煤矿安全改造坚持企业负责、政府支持的原则，资金来源以企业自有、银行贷款为主。单个煤矿安全改造项目中央预算内投资占比上限为 25%，投资补助额度不超过 3000 万元

我国煤炭供需基本平衡，煤价运行在合理区间内

　　受局地疫情新发多发、清洁能源大发等因素影响，2022 年煤炭供需基本平衡。2023 年，稳增长政策效应逐步显现、扩大内需战略开始发力，以及清洁能源发电占比进一步上升，预计煤炭消费量比上年增长 1% 左右。综合来看，煤炭供应增速与需求增速持平，供需基本平衡。叠加煤价调控相关政策要求，预计 2023 年煤价继续运行在合理区间内，将对煤电保障供应形成有力支撑。

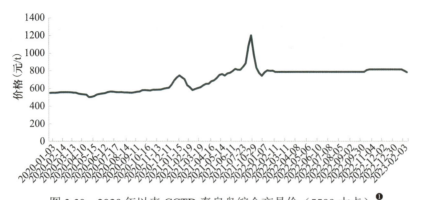

图 2-30　2020 年以来 CCTD 秦皇岛综合交易价（5500 大卡）❶

（本节撰写人：姚力　审核人：吴姗姗）

2.2.8　一次能源：天然气

2023 年我国天然气价格回调利好气电供应保障

供应方面

2022 年全国天然气产量约 2200 亿 m³ ❷，2023 年全国天然气产量仍有较大发展潜力，预计产量接近 2300 亿 m³ 左右，主要集中在四川盆地、鄂尔多斯盆地、塔里木盆地和南海等海域。2023 年，受库存量较高和需求低迷等因素影响，国际天然气价格持续下降。近期，欧洲基准的荷兰 TTF 天然气期货价格跌破 30 欧元 /（MW·h）区间，创下了 2021 年 6 月以来的最低点，较俄乌冲突后价格高点下降 93%。受国际天然气价格下降提振，进口量有望较上年有所增加。

消费方面

受国内疫情新发多发、国际天然气价格高企等因素影响，2022 年全国天然气表观消费量 3663 亿 m³，比上年下降 1.7%，占全国能源消费比重下降 0.4 个百分点 ❸，首次出现消费总量和比重"双降"。随着疫情防控政策优化调整提振经济持续复苏，我国天然气消费有望在 2023 年出现恢复性增长。

受此影响，预计 2023 年天然气供需格局仍表现为紧平衡态势，但考虑国际市场供需对国内价格的传导影响，我国天然气价格中枢有望回调，气电成本有所降低，将为天然气发电供应提供有利条件。

（本节撰写人：刘之琳　审核人：吴姗姗）

---

❶ 数据来源于煤炭市场网。
❷ 数据来源于国家统计局网站。
❸ 数据来源于国家发展改革委、国家统计局统计数据。

2.3 微观环境

2.3.1 电能替代

> 电能替代从重量转向重质，统筹能源安全和低碳转型双目标

"双碳"战略促使各行业、各领域电能替代热情空前高涨。 随着"双碳"战略的持续推进，终端能源电气化转型已逐步成为社会各界共识。2022 年 3 月国家能源局等十部门联合印发了《关于进一步推进电能替代的指导意见》，工业、交通、建筑等领域分别发布相关文件，积极推进电能替代。

电能替代思路从注重规模扩张转向重视发展质量。 近期能源电力保供形势下，电网企业将因地制宜、稳妥有序开展电能替代工作。电能替代工作不再追求替代规模，而是以能源安全为出发点，从替代规模转向替代质量，更加聚焦经济替代、高效替代、清洁替代、智能替代等，促进电能替代的高质量发展。

表 2-8 2022 年以来电能替代相关政策

时间	出台部门	文件名称	电能替代工作要求
2022 年 3 月	住房和城乡建设部	《"十四五"建筑节能与绿色建筑发展规划》	提出建筑能耗中电力消费比例超过 55%
2022 年 8 月	工业和信息化部、国家发展改革委、生态环境部	《工业领域碳达峰实施方案》	提出推动工业用能电气化，拓宽电能替代领域；到 2025 年，短流程炼钢占比达 15% 以上
2023 年 2 月	工业和信息化部、交通运输部、财政部等八部门	《关于组织开展公共领域车辆全面电动化先行区试点工作的通知》	提出在全国范围内启动公共领域车辆全面电动化先行区试点工作

| 经济替代 | 因地制宜推进"电能替代+提质增效"典型工程 | 高效替代 | 提高能源利用效率，因地制宜推进"电能替代+综合能源"典型工程 |
| 清洁替代 | 结合地区资源禀赋和产业结构特点，推广"新能源+电能替代"项目 | 智能替代 | 大力推广具有友好互动能力的电气设备 |

（本节撰写人：唐伟　审核人：吴姗姗）

2.3.2　业扩报装

业扩净增容量较快增长，为用电增长提供有力支撑

2022 年，国家电网公司经营区域累计完成业扩净增容量 5.8 亿 kV·A，比上年增长 9.1%。其中，大工业、一般工商业、居民生活累计完成业扩净增容量比上年分别增长 4.8%、9.2%、4.3%。根据历年业扩净增容量与次年全国全社会用电量的关系，2023 年全国全社会用电量有望保持良好的增长态势。

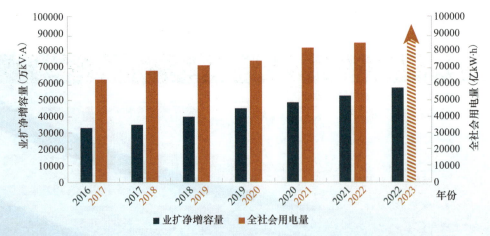

图 2-31　"十三五"以来国家电网公司经营区域业扩净增容量与次年全国全社会用电量的关系

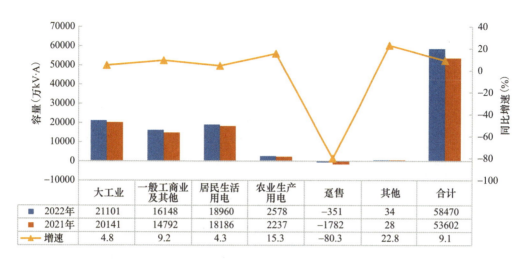

	大工业	一般工商业及其他	居民生活用电	农业生产用电	趸售	其他	合计
2022年	21101	16148	18960	2578	−351	34	58470
2021年	20141	14792	18186	2237	−1782	28	53602
增速	4.8	9.2	4.3	15.3	−80.3	22.8	9.1

图 2-32　2022 年国家电网公司经营区域各用电类别业扩净增容量情况

（本节撰写人：刘青　审核人：吴姗姗）

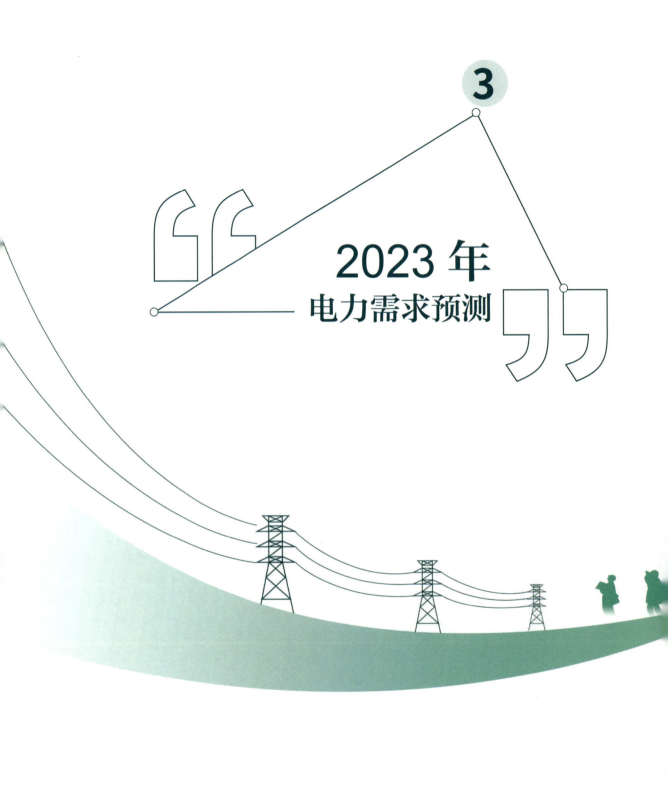

3

**2023 年
电力需求预测**

3.1 2023 年全社会用电量

结合宏观、中观、微观各视角下影响电力需求的因素来看，疫情防控优化、经济恢复向好、气温正常偏高等成为支撑用电较快增长的有利条件，预计 2023 年全国全社会用电量为 9.16 万亿～ 9.33 万亿 kW·h，比上年增长 6.0%～ 8.0%。

推荐方案为中方案。中方案下，预计 2023 年全国全社会用电量为 9.25 万亿 kW·h，比上年增长 7.0%，保持较快增长态势，增速较上年显著反弹，2022 － 2023 年年均增速为 5.3%，较 2020 － 2021 年年均增速下降 1.4 个百分点。

表 3-1 2023 年全社会用电量预测

类别	低方案		中方案		高方案	
	用电量（亿 kW·h）	增速（%）	用电量（亿 kW·h）	增速（%）	用电量（亿 kW·h）	增速（%）
全社会	91589	6.0	**92455**	**7.0**	93293	8.0
第一产业	1248	8.9	**1259**	**9.9**	1271	10.9
第二产业	60653	6.4	**61166**	**7.3**	61651	8.2
第三产业	16420	10.5	**16628**	**11.9**	16836	13.3
居民生活	13268	-0.7	**13402**	**0.3**	13536	1.3

预计各季度用电量增速受上年基数影响波动回升

分季度看，预计 2023 年各季度全国全社会用电量增速分别为 3.6%、8.5%、5.5%、10.7%，受上年基数影响，第二、第四季度用电量增速显著高于第一、第三季度用电量增速。

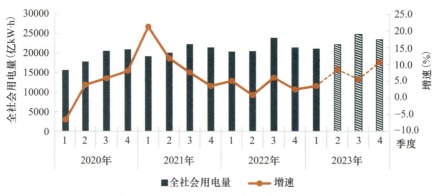

图 3-1　2023 年分季度全社会用电量预测

预计第二、第三产业用电量增速较上年显著反弹，第二产业重新成为拉动用电增长的主要动力

分部门看，预计 2023 年三次产业和城乡居民生活用电量增速分别为 9.9%、7.3%、11.9%、0.3%，乡村振兴战略深入推进背景下，受农业现代化、电气化拉动，第一产业用电量延续近年来较快增长态势；工业生产稳步恢复，叠加上年低基数影响，第二产业用电量增速较上年明显反弹；疫情防控政策优化调整后消费潜力加快释放，支撑第三产业用电量保持快速增长；城乡居民生活用电量受上年高基数影响增速回落。三次产业和城乡居民生活用电量对全社会用电量增长的贡献率分别为 1.8%、68.5%、29.1%、0.6%。

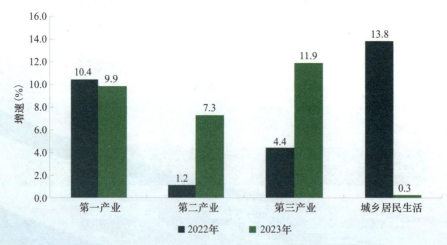

图 3-2　2022、2023 年三次产业和城乡居民生活用电增速

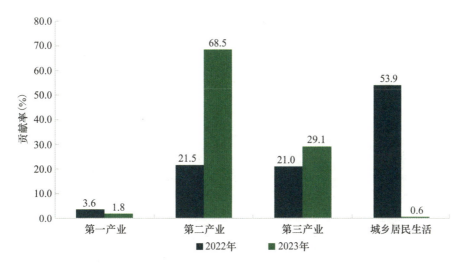

图 3-3　2022、2023 年三次产业和城乡居民生活用电量贡献率

（本节撰写人：汲国强　审核人：吴姗姗）

3.2　2023 年分区域用电量

华北、华东、南方电网区域是用电增长主要拉动区域

2023 年，预计华北（含蒙西）、华东、华中、东北、西北、西南和南方电网区域全社会用电量比上年分别增长 6.8%、6.5%、6.5%、5.6%、9.6%、8.6%、6.9%，受经济稳步恢复叠加上年低基数影响，各区域用电量增速均不同程度反弹。其中，华北（含蒙西）电网区域持续推进产业结构转型升级，用电增长动能从传统高耗能行业逐步向新兴行业过渡；华东电网区域充分发挥区位、科技研发、产业链等优势，上海等上年受疫情冲击较大的地区用电量增速呈恢复性反弹；区域协调发展战略推动下，华中、西北、西南电网区域通过承接产业转移，经济增长潜力不断释放，用电量保持较快增长；东北全面振兴背景下东北电网区域经济保持稳固向好态势，传统产业转型升级加快，用电量保持平稳增长；南方电网区域继续发挥开放水平高、创新能力强、营商环境好等优势，经济延续较好增长态势，用电量增速较上年显著回升。预计华北（含蒙西）、华东、南方电网区域是拉动用电增长的主要区域，合计贡献率超过 60%。预计各省份用电量均实现正增长，其中西藏、新疆、青海、云南、广西等西部省份增速较高。

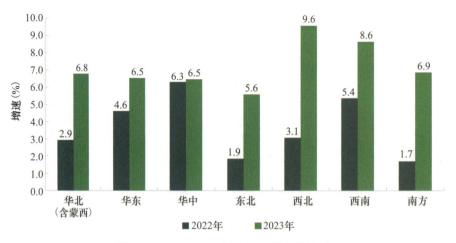

图 3-4　2022、2023 年分区域用电量增速

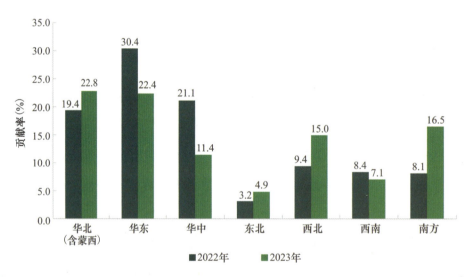

图 3-5　2022、2023 年分区域用电量贡献率

表 3-2　2023 年全国及各区域全社会用电量预测

区域	2022 年		2023 年					
			低方案		中方案		高方案	
	用电量 （亿 kW·h）	增速 （%）	用电量 （亿 kW·h）	增速 （%）	用电量 （亿 kW·h）	增速 （%）	用电量 （亿 kW·h）	增速 （%）
全国	86372	3.6	91589	6.0	92455	7.0	93293	8.0
国网经营区	67745	4.9	71773	5.9	72453	7.0	73133	8.0

续表

区域	2022 年		2023 年					
			低方案		中方案		高方案	
	用电量（亿 kW·h）	增速（%）	用电量（亿 kW·h）	增速（%）	用电量（亿 kW·h）	增速（%）	用电量（亿 kW·h）	增速（%）
华北（含蒙西）	20438	2.9	21622	5.8	21827	6.8	22031	7.8
华北（不含蒙西）	16953	2.4	17847	5.3	18016	6.3	18186	7.3
华东	20842	4.6	21996	5.5	22204	6.5	22412	7.5
华中	10777	6.3	11365	5.5	11473	6.5	11581	7.5
东北	5285	1.9	5527	4.6	5580	5.6	5633	6.6
西北	9522	3.1	10338	8.6	10434	9.6	10529	10.6
西南	4972	5.4	5353	7.6	5402	8.6	5452	9.6
南方	14637	1.7	15496	5.9	15642	6.9	15789	7.9

（本节撰写人：汲国强　审核人：吴姗姗）

3.3　2023 年最大用电负荷

全国最大负荷增速接近电量增速，夏冬双高峰特征明显

预计 2023 年，全国最大负荷 13.7 亿 kW，比上年增长 6.5%，出现在夏季[5]。冬季全国最大负荷 12.8 亿 kW 左右，出现在 12 月。国家电网公司经营区域夏季最大负荷 11.4 亿 kW，同比增长 6.6%；冬季最大负荷 10.4 亿～10.8 亿 kW，同比增长 11.8%～16.1%。预计 2023 年国家电网公司经营区域最大负荷利用小时数为 6100h，比上年增加 118h；季不均衡系数为 83%，较上年回升 2.0 个百分点；年平均日负荷率为 91%，与上年持平；最大日峰谷差 3.05 亿 kW，比上年增长 7%；97%、95%、90%P_{max} 的平均持续时间为 15、39、230h，比上年减少 2、5、16h。

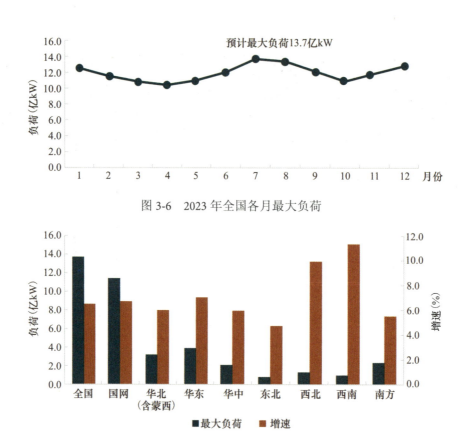

图 3-6   2023 年全国各月最大负荷

图 3-7   2023 年各区域电网最大负荷及增速

表 3-3   2023 年全国及各区域夏/冬季最大负荷预测

区域	夏季		冬季	
	最大负荷 （万 kW）	增速（%）	最大负荷 （万 kW）	增速（%）
全国	137400	6.5	128000	10.4
国网经营区	114000	6.6	104000	11.8
华北（含蒙西）	31500	6.1	30200	10.6
华北（不含蒙西）	27500	5.4	26500	13.9
华东	39000	6.9	34501	16.2
华中	20600	6.1	17822	16.0
东北	7335	5.2	8200	9.9
西北	12810	6.7	13243	9.9
西南	9550	11.2	7621	13.8
南方	23500	5.5	21000	11.7

（本节撰写人：姚力   审核人：汲国强）

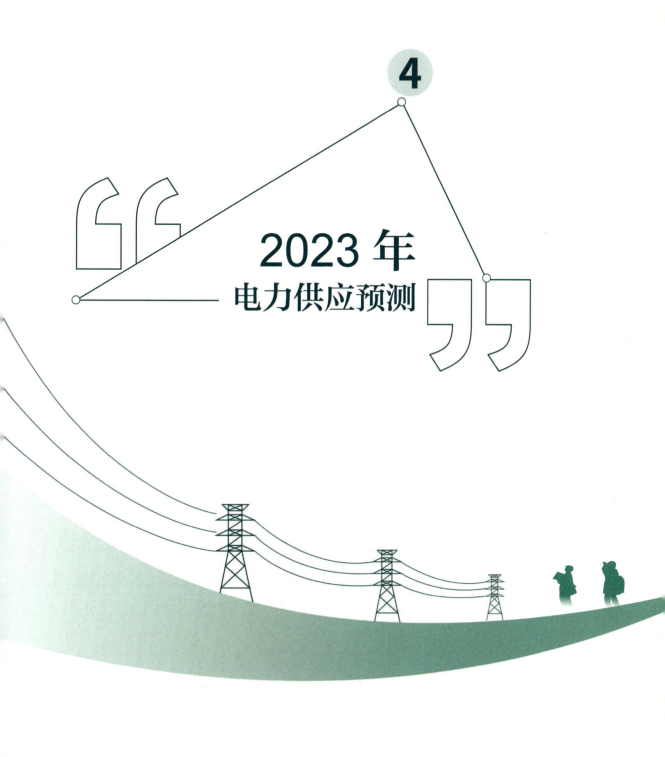

4

2023 年
电力供应预测

4.1　2023年新投产装机

4.1.1　分品种新投产装机情况

> 新投产装机规模有望连续第二年创历史新高

新投产发电装机容量首度突破 2 亿 kW。 预计 2023 年全国新投产发电装机容量 2.8 亿 kW，比上年增长 40.3%，连续两年创历史新高。其中，水电新投产 904 万 kW，比上年减少 62.1%；火电新投产 6300 万 kW，为 2016 年以来新高，比上年增长 40.9%；核电新投产 198 万 kW，比上年减少 13.1%；风电新投产 7061 万 kW，比上年增长 87.6%，新投产装机容量仅次于 2020 年；太阳能发电新投产 1.3 亿 kW，比上年增长 44.3%，创历史新高；其他❶新投产 954 万 kW，比上年增长约 1.5 倍。

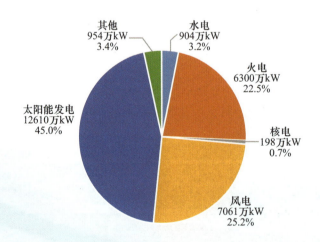

图 4-1　2023 年全国新投产发电装机容量情况

---

❶ 本章中的其他类型指新型储能、潮汐等装机。

常规水电投产规模大幅下降

重大水电工程进入投产间歇期。2020 - 2022 年，白鹤滩（1600 万 kW）、乌东德(1020 万 kW)、两河口（300 万 kW ）等巨 / 大型水电站集中投运，连续三年常规水电投产规模超过千万千瓦；2023 年，重大水电项目投产暂时告一段落，预计全年新增 319 万 kW，比上年减少 78.8%，30 万 kW 及以上的在建大型水电站项目中，预计仅有青海李家峡水电厂扩机、湖南五强溪扩机、大藤峡水利枢纽实现投产，规模分别为 40 万、50 万、80 万 kW。

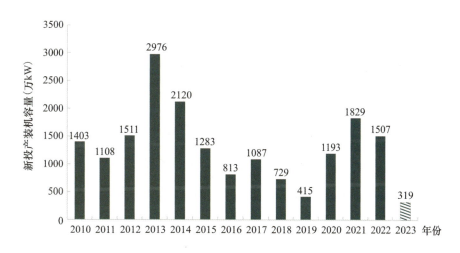

图 4-2 2010 年以来常规水电投产情况

抽水蓄能电站投产规模有望首度超过常规水电

抽水蓄能电站投产规模维持高位。预计 2023 年，河北、山东、福建、河南等 8 省份合计 9 座抽水蓄能电站将陆续投产，规模达到 585 万 kW，比上年减少 33.5%，位居历史第二，是"十三五"时期抽水蓄能电站年均投产规模（169 万 kW）的 3 倍多。

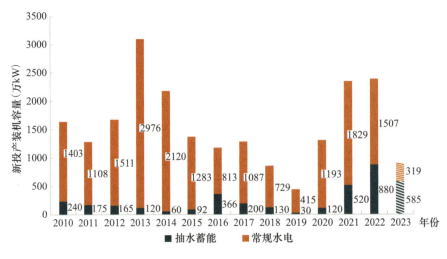

图 4-3　2010 年以来水电投产情况

新投产煤电有力提升电力保供能力及系统灵活性

预计燃煤发电新投产规模将超过 4000 万 kW。2022 年，受疫情反复造成的停工、缓建影响，煤电投产规模不增反降，对电力保供及新能源消纳造成了较大挑战。2023 年，随着疫情防控取得重大决定性胜利，煤电投产有望加速推进，考虑到年末投产仍具有较大不确定性，预计全年投产规模在 3500 万 ～ 4700 万 kW，比上年增长 24.0% ～ 66.5%。

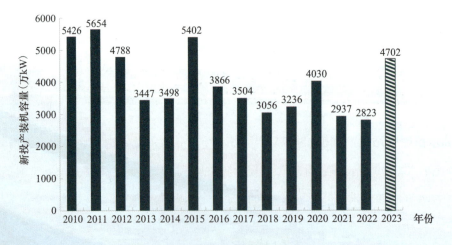

图 4-4　2010 年以来煤电投产情况

燃气发电新投产装机规模有望创历史新高

预计燃气发电新投产装机规模将首次突破千万千瓦。预计 2023 年燃气发电新投产装机容量 900 万～ 1400 万 kW，比上年增长 40%～ 112%。其中，华电青岛天然气热电联产项目、上海闵行发电厂燃气 - 蒸汽联合循环发电机组示范工程、四川能投广元燃机工程、广东珠江 LNG 电厂二期及惠州大亚湾西部综合能源站等多个重型燃机项目将陆续投产。

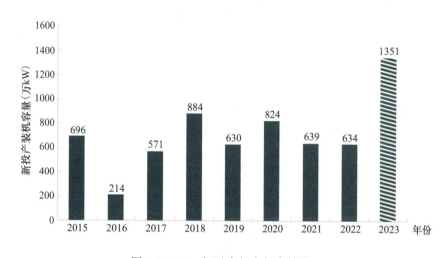

图 4-5 2015 年以来气电投产情况

核电建设稳步推进

预计 2023 年核电新投产装机容量 198 万 kW，分布在广西、福建和山东三省份。其中，中广核广西防城港核电站 3 号机组已于 2023 年 1 月首次并网发电，成为西部地区首台在运"华龙一号"，规模为 118 万 kW；山东石岛湾核电高温气冷堆示范工程预计投运 20 万 kW，成为全球首座具有第四代核电技术主要特征的球床模块式高温气冷堆核电站；中核霞浦核电项目预计建成投产，规模为 60 万 kW。

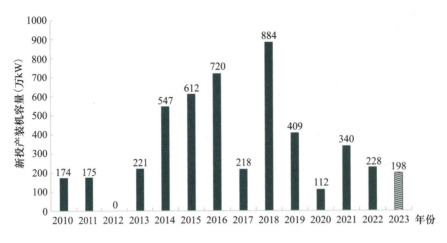

图 4-6 2010 年以来核电投产情况

新能源投产规模常态化过亿

风电投产规模大概率止跌回升。2021、2022 年，我国风电投产规模连续两年下降。据风电之音统计数据估算，我国风电待投产规模巨大：截至 2022 年底，我国已招标未投产风电装机规模约为 1 亿～ 1.3 亿 kW。考虑到国家第一批风光基地项目将于 2023 年陆续投产，预计 2023 年风电投产规模为 7061 万 kW，比上年增长 87.6%。

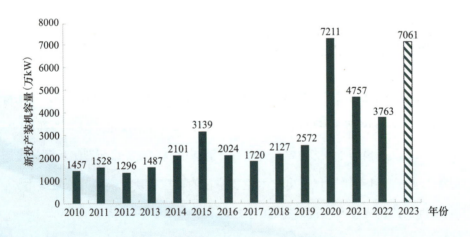

图 4-7 2010 年以来风电投产情况

太阳能发电投产规模有望破亿。2022 年，太阳能发电新增 8741 万 kW，比上年增长 60.3%，但受第四季度尤其是 12 月新冠疫情感染集中暴发影响，第四季度装机增速明显放缓（26.6%，增速较前三季度下降近 70 个百分点），考虑到存量规模与新增规划，预计 2023 年太阳能发电投产规模将首度破亿，达到 1.3 亿 kW，比上年增长 44.3%。

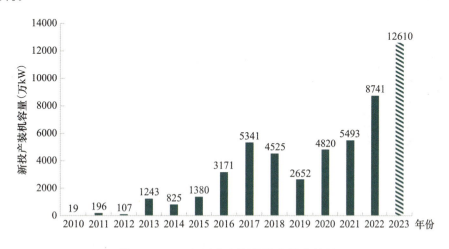

图 4-8　2010 年以来太阳能发电投产情况

（本节撰写人：冀星沛　审核人：汲国强）

4.1.2　分区域新投产装机情况

新投产装机主要分布于西北、华北电网区域，占比分别达到 25.7%、22.5%；南方、华中、东北、华东电网区域次之，占比分别为 17.8%、11.4%、10.1%、10.1%；西南电网区域投产装机较少，仅占 2.4%。

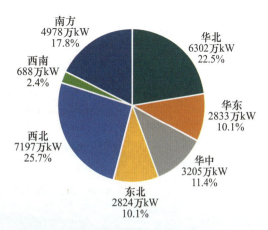

图 4-9　2023 年新投产电源装机地区分布

预计华北电网区域新投产装机容量创历史新高，新能源比重接近 80%

2023 年，预计华北电网区域投产装机容量将达到 6302 万 kW，比上年增长 29.3%。

水电	火电	核电	风电	太阳能发电
新增规模达到 240万kW 比上年增长 11.1%↑	新增规模达到 935万kW 比上年减少 20.0%↓	新增规模达到 20万kW 比上年增长 100%↑	新增规模达到 1440万kW 比上年增长 33.1%↑	新增规模达到 3470万kW 比上年增长 54.0%↑

受河北、山西、山东新能源装机大量并网拉动，预计 2023 年华北电网区域风电、太阳能发电新投产装机容量占地区新投产装机容量的比重分别为 22.8%、55.1%，合计接近 80%；核电、水电、火电新投产装机容量比重分别为 0.3%、3.8%、14.8%。

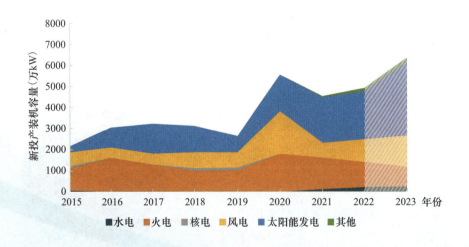

图 4-10　2015 年以来华北电网区域电源投产情况

预计华东电网区域新投产装机容量大幅下降，太阳能发电比重超过一半

2023 年，预计华东电网区域投产装机容量将达到 2833 万 kW，比上年减少 18.0%。

水电	火电	核电	风电	太阳能发电
新增规模达到 69 万 kW 比上年减少 83.3%	新增规模达到 825 万 kW 比上年增长 8.6%	新增规模达到 60 万 kW 比上年减少 48.3%	新增规模达到 211 万 kW 比上年增长 1.5%	新增规模达到 1619 万 kW 比上年减少 17.0%

受江苏、浙江、安徽太阳能发电装机集中投运影响（约 1500 万 kW），预计 2023 年华东电网区域太阳能发电新投产装机容量占地区新投产装机容量的比重将达到 57.1%，火电、风电、水电、核电新投产装机容量比重分别为 29.1%、7.4%、2.4%、2.1%。

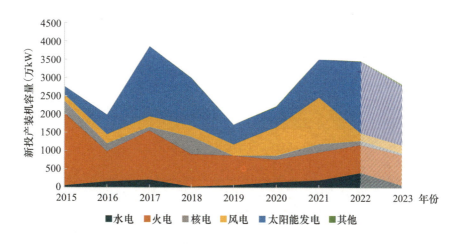

图 4-11　2015 年以来华东电网区域电源投产情况

> 预计华中电网区域新投产装机容量首度突破 3000 万 kW，太阳能发电比重接近一半

2023 年，预计华中电网区域投产装机容量将达到 3205 万 kW，比上年增长 15.6%。

受华中四省太阳能发电装机大量投运影响，预计 2023 年华中电网区域太阳能发电新投产装机容量占地区新投产装机容量的比重将达到 47.2%，火电、风电、水电、核电新投产装机容量比重分别为 24.7%、20.2%、6.2%、0.0%。

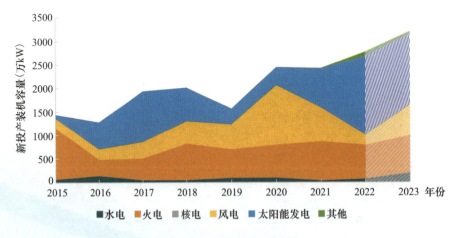

图 4-12　2015 年以来华中电网区域电源投产情况

预计东北电网区域新投产装机容量比上年增长近半，风电、火电合计比重接近 90%。

2023 年，预计东北电网区域投产装机容量将达到 2824 万 kW，比上年增长 48.3%。

受蒙东大型风光基地及配套火电集中并网拉动，预计 2023 年东北电网区域风电、火电新投产装机容量占地区新投产装机容量的比重将达到 58.1%、31.5%，其他电源投产比重均较小。

图 4-13　2015 年以来东北电网区域电源投产情况

预计西北电网区域新投产装机容量比上年增长近 2 倍，投产
类型主要是风电、太阳能发电及火电

2023 年，预计西北电网区域投产装机容量将达到 7197 万 kW，比上年增长 1.9 倍。

受第一批大型风光基地及配套火电集中并网拉动，预计 2023 年西北电网区域太阳能发电、风电、火电新投产装机容量占地区新投产装机容量的比重将达到 44.9%、25.9%、17.8%，水电投产比重仅为 2.3%。

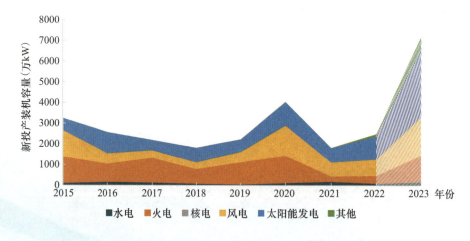

图 4-14　2015 年以来西北电网区域电源投产情况

预计西南电网区域新投产装机容量大幅下降，电源投产结构
相对平衡

受资源禀赋影响，水电一直是西南地区的核心电源，2022 年白鹤滩等大型水电项目投产，2023 年四川暂无大型水电项目投产。预计西南电网区域投产装机容量将达到 688 万 kW，比上年减少 33.6%。

水电、火电、风电、太阳能发电新投产装机容量占地区新投产装机容量的比重分别为 16.1%、20.3%、39.2%、24.4%。

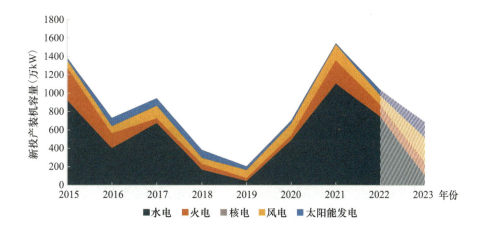

图 4-15 2015 年以来西南电网区域电源投产情况

> 预计南方电网区域新投产装机容量近 5000 万 kW，太阳能发电、火电合计投产比重接近 80%

2022 年，云南提出确保 1100 万 kW 新能源并网，受 12 月全国范围内新冠疫情反复影响，实际仅投产 328 万 kW。考虑延期投产影响，2023 年，预计南方电网区域投产装机容量将达到 4978 万 kW，比上年增长 44.6%。

水电	火电	核电	风电	太阳能发电
新增规模达到 **92万kW** 比上年减少 **87.3%↓**	新增规模达到 **1433万kW** 比上年增长 **65.3%↑**	新增规模达到 **118万kW** 比上年增长 **100.0%↑**	新增规模达到 **985万kW** 比上年增长 **1.1倍↑**	新增规模达到 **2350万kW** 比上年增长 **69.9%↑**

预计 2023 年南方电网区域太阳能发电、火电新投产装机容量占地区新投产装机容量的比重将达到 47.2%、28.8%，风电、水电投产比重为 19.8%、1.8%。

图 4-16　2015 年以来南方电网区域电源投产情况

（本节撰写人：冀星沛　审核人：汲国强）

4.1.3 分省份新投产装机情况

预计 11 个省份新投产装机容量超过千万千瓦

内蒙古、河北、新疆 3 省份投产装机容量超过 2000 万 kW；广东、山东、甘肃、陕西、湖北、青海、云南、宁夏 8 省份投产装机容量在 1000 万～2000 万 kW；江苏、贵州、山西等 20 个省份投产装机容量低于 1000 万 kW。

图 4-17 2023 年分省份电源投产装机容量

预计 3 个省份投产水电装机容量超过百万千瓦

2023 年投产水电装机规模排名前三的依次为山东、河南、河北；广西、陕西、福建、四川、新疆、湖南 6 省份投产水电装机容量在 50 万～100 万 kW；其他 22 个省份投产水电装机容量小于 50 万 kW 或无新投产水电装机。

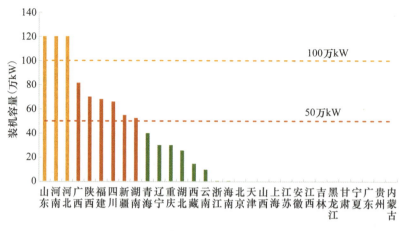

图 4-18　2023 年分省份水电投产装机容量

预计 17 个省份新投产火电装机容量超过百万千瓦

广东新投产火电装机容量超过 1000 万 kW；新投产火电装机容量在 500 万～1000 万 kW 的省份有 2 个，依次为内蒙古、陕西；新投产火电装机容量在 300 万～500 万 kW 的省份有 3 个，依次为湖北、新疆、山东；其他 25 个省份火电新投产装机容量低于 300 万 kW。

图 4-19　2023 年分省份火电投产装机容量

预计 19 个省份新投产风电装机容量超过百万千瓦

内蒙古新投产风电装机容量超过 1000 万 kW；新投产装机容量在 500 万～ 1000 万 kW 的省份有 2 个，依次为新疆、甘肃；新投产装机容量在 300 万～ 500 万 kW 的省份有 5 个，依次为河北、云南、山东、辽宁、河南；其他 23 个省份风电新投产装机容量低于 300 万 kW。

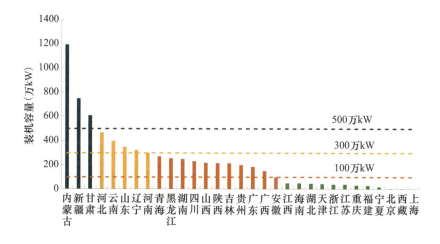

图 4-20 2023 年分省份风电投产装机容量

预计 25 个省份新投产太阳能发电装机容量超过百万千瓦

河北新投产太阳能发电装机容量超过 1000 万 kW；新投产装机容量在 500 万～ 1000 万 kW 的省份有 10 个，依次为山东、新疆、甘肃、江苏、青海、贵州、湖北、云南、宁夏、广东；其他 20 个省份太阳能新投产装机容量低于 500 万 kW。

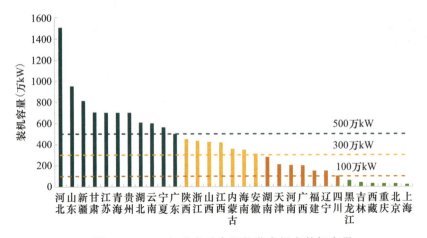

图 4-21　2023 年分省份太阳能发电投产装机容量

（本节撰写人：冀星沛　审核人：汲国强）

4.2　2023 年总装机规模

4.2.1　分品种装机情况

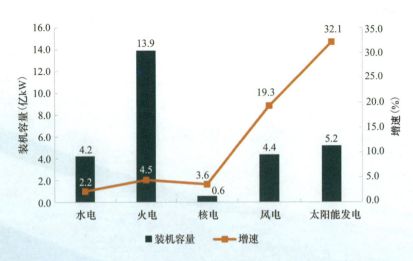

图 4-22　2023 年全国各类型发电装机容量

预计到 2023 年底，全国发电装机容量将达到 28.4 亿 kW，比上年增长 10.8%。其中，水电、火电、核电、风电、太阳能发电装机容量分别达到 4.2 亿、13.9 亿、5751 万、4.4 亿、5.2 亿 kW，分别比上年增长 2.2%、4.5%、3.6%、19.3%、32.1%。

> 预计装机结构将发生历史性转变，火电比重首次低于 50%，太阳能发电、风电跻身装机前三

预计 2023 年，水电、火电、核电、风电、太阳能发电装机比重分别为 14.9%、49.0%、2.0%、15.3%、18.3%，太阳能发电、风电装机规模首超水电，分别成为第二大、第三大电源类型。

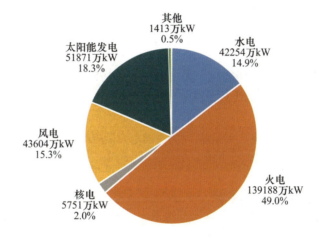

图 4-23　2023 年底发电装机结构

（本节撰写人：冀星沛　审核人：汲国强）

4.2.2　分区域装机分布

> 预计电源装机主要分布于"三华"、南方及西北电网区域

分区域看，华北、华东、南方、西北、华中电网区域装机占全国的比重依次为 23.0%、17.7%、17.2%、15.9%、12.6%；东北、西南电网区域装机比重较小，分别为 7.9%、5.7%。

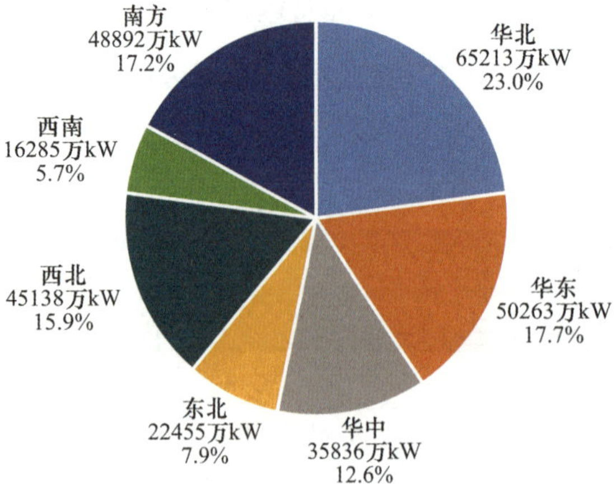

图 4-24　2023 年分区域电源装机分布

| 华北、西北电网 | 形成了以"火电+新能源"为主的电力供应结构
合计占比分别达到 96.8%、90.0% |

| 华东电网 | 形成了以"火电+太阳能"为主的电力供应结构
占比分别为 59.2%、18.9%，合计接近 80% |

| 华中电网 | 电源结构较为均衡
形成了以"水电+火电+风电+太阳能"多元驱动的电力供应结构 |

| 东北电网 | 形成了以"火电+风电"为主的电力供应结构
占比分别为 50.8%、31.3%，合计达到 82.1% |

| 西南、南方电网 | 形成了以"水电+火电"为主的电力供应结构
合计占比分别为 89.7%、72.2% |

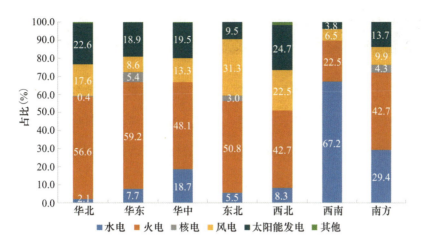

图 4-25   2023 年底各区域装机结构对比

（本节撰写人：冀星沛   审核人：汲国强）

4.2.3   分省份装机情况

预计 12 个省份装机规模破亿

山东装机规模居首，超过 2 亿 kW，内蒙古、广东、江苏 3 省份装机规模在 1.5 亿～ 2 亿 kW；河北、新疆、山西、四川、河南、浙江、云南、湖北 8 省份装机规模在 1 亿～ 1.5 亿 kW；其他 19 个省份装机规模低于 1 亿 kW。

图 4-26   2023 年分省份电源装机规模

预计 11 个省份水电装机规模超过千万千瓦

　　我国水电分布相对集中，四川、云南、湖北 3 省份装机规模排名前三，合计占我国水电装机规模的 51.5%；贵州、广东、广西、湖南、福建、浙江、青海、新疆 8 省份装机规模在 1000 万～3000 万 kW；其他 20 个省份水电装机规模均低于 1000 万 kW。

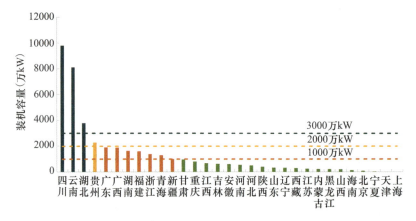

图 4-27　2023 年分省份水电装机规模

预计 11 个省份火电装机规模超过 5000 万 kW

　　山东、广东、内蒙古、江苏 4 省份火电装机规模破亿，山西、河南、新疆、浙江、安徽、陕西、河北 7 省份装机规模在 0.5 亿～1 亿 kW；其他 20 个省份火电装机容量低于 5000 万 kW。

图 4-28　2023 年分省份火电装机规模

预计 2 省份核电装机规模超过千万千瓦

其中，广东、福建在运核电规模均超过千万千瓦；浙江、辽宁、江苏核电装机规模在 500 万～1000 万 kW；广西、山东、海南核电装机规模在 100 万～500 万 kW，其他 23 个省份无核电装机。

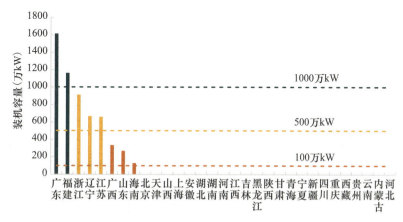

图 4-29 2023 年分省份核电装机规模

预计过半省份风电装机规模超过千万千瓦

内蒙古、新疆、河北 3 省份风电装机规模超过 3000 万 kW，甘肃、山东、山西、江苏、河南 5 省份风电装机规模在 2000 万～3000 万 kW；其他 23 个省份装机容量低于 2000 万 kW。

图 4-30 2023 年分省份风电装机规模

> **预计 18 个省份太阳能发电装机规模超过千万千瓦**

河北、山东、江苏 3 省份太阳能发电装机规模超过 3000 万 kW，浙江、青海、河南、安徽、新疆、宁夏、甘肃、山西、贵州、广东 10 省份太阳能发电装机规模在 2000 万～3000 万 kW；其他 18 个省份装机容量低于 2000 万 kW。

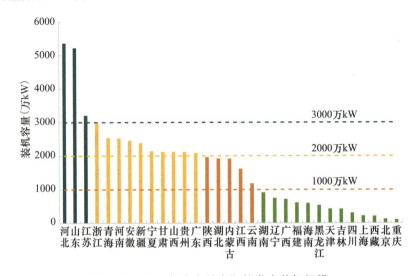

图 4-31　2023 年分省份太阳能发电装机规模

（本节撰写人：冀星沛　审核人：汲国强）

4.3　2023 年发电量

> **全国发电量稳步增长，火电发电量比重持续下降**

2023 年，预计全国发电量为 9.3 万亿 kW·h，比上年增长 7.2%。其中，水电、火电、核电、风电、太阳能发电量占比分别为 15.5%、64.8%、4.5%、9.3%、5.8%，较上年分别变化 −0.1、−1.1、−0.3、0.5、0.9 个百分点，对发电增长的贡献率分别为 14.8%、49.3%、0.5%、16.7%、18.7%。

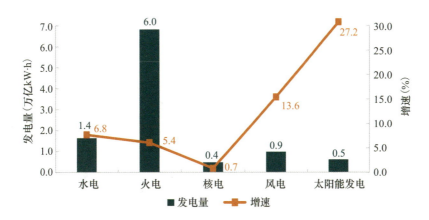

图 4-32　2023 年分类型装机发电量及其增速

除水电、火电外，其他发电设备利用小时数均有所下降

2023 年，预计全国发电设备平均利用小时数为 3651h，比上年下降约 36h，其中，水电、火电利用小时数比上年分别上升 138、55h，核电、风电、太阳能发电利用小时数比上年分别减少约 66、11、27h。

图 4-33　2023 年分类型发电设备利用小时数

（本节撰写人：冀星沛　审核人：汲国强）

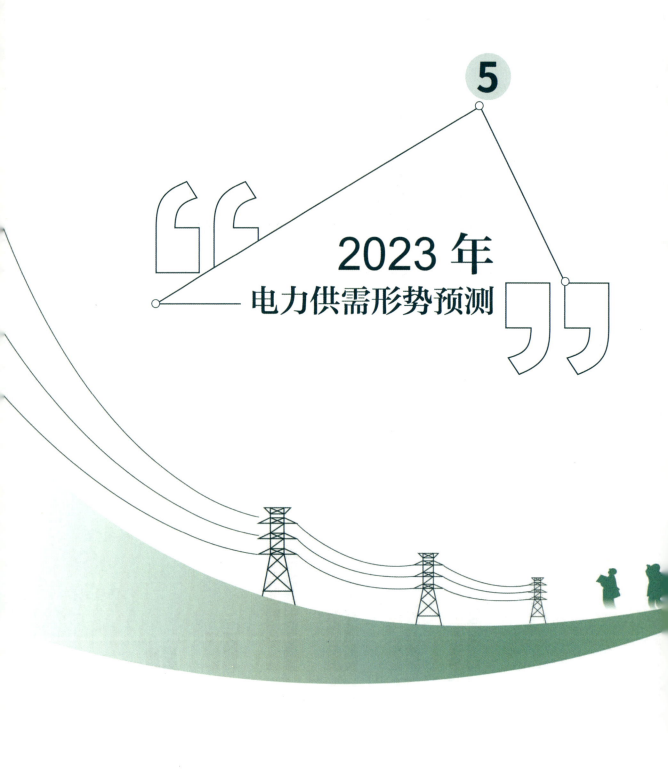

5

2023 年
电力供需形势预测

2023 年预计全国电力供需平衡偏紧，局地高峰时段电力供需紧张

综合电力需求、电力供应情况，并考虑备用容量、机组检修/受阻、跨省跨区互济等因素，预计 2023 年全国电力供需平衡偏紧，局地高峰时段电力供需紧张❶。若出现燃料供应不足、极端天气等情况，用电高峰时段电力缺口将进一步扩大。其中，华北、华东、华中、西南电网区域电力供需紧张，其他电网区域电力供需偏紧或基本平衡。华北、华东、华中、西南电网区域部分省份通过采取需求响应等措施可以在一定程度上缓解电力供需紧张态势。

（本章撰写人：汲国强　审核人：吴姗姗）

---

❶ 电力供需平衡分析时的装机和最大负荷均为调度口径。

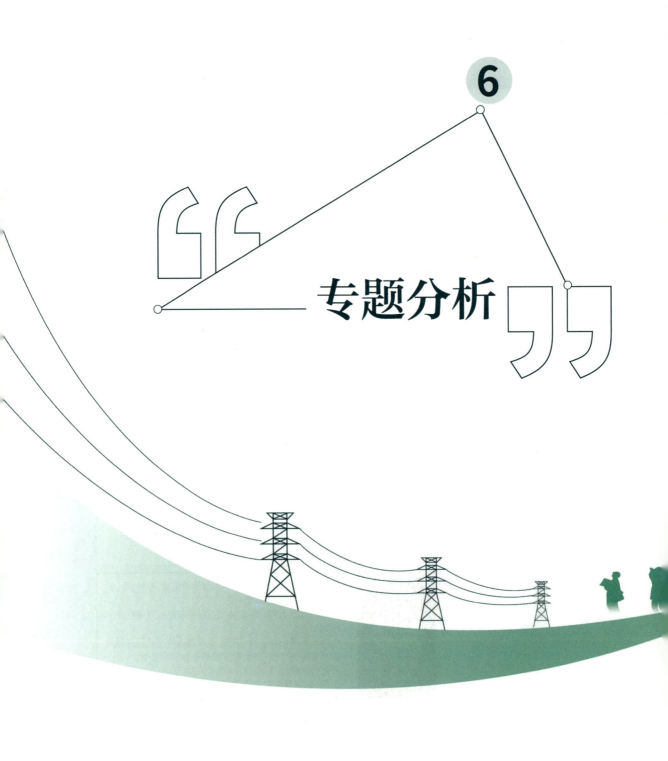

6

专题分析

6.1　我国需求侧资源潜力及在电力保供中的价值分析

引言

在构建新型电力系统、服务"双碳"目标背景下，预计未来一定时期，我国电力最大负荷将不断攀升、峰谷差将持续扩大、新能源装机和发电规模将快速增长，考虑极端天气频发、风光出力存在不确定性，电力安全保供形势仍面临压力，必须采取有力措施予以缓解。

开发利用需求侧资源可在高峰时段有效削减负荷，并且资源潜力巨大，是缓解电力供需紧张的重要手段。本专题从需求侧资源的类别、特性、潜力、保供价值等方面展开分析，以期探究需求侧资源在电力保供中的作用和前景。

6.1.1　需求侧资源现状

近年来，国家电网公司经营区域削峰负荷规模持续快速增长

需求侧资源通常指用户侧参与需求响应的资源，通过主动响应市场价格或激励信号，在为电力系统提供削峰、填谷、调频等服务的同时，用户自身也获得收益或降低用能成本。其中，削峰资源对保障电力安全供应具有重要作用。至 2022 年初，国家电网公司经营区域削峰负荷签约容量已达 3740 万 kW，约占年度最大用电负荷的 3.8%。

大工业用户是需求侧资源的主体，用电量比重过半

从需求侧资源的用户主体构成看，大工业用户数量虽然占比最低，但用电量占比最高：大工业用户户数占比仅为 0.1%，但其年用电量占比高达 53.3%。

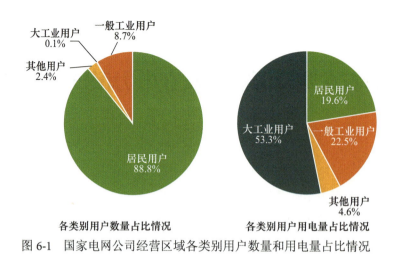

各类别用户数量占比情况　　　各类别用户用电量占比情况

图6-1　国家电网公司经营区域各类别用户数量和用电量占比情况

不同领域需求侧资源特性各异

工业领域用户单体响应容量较大，以参与日前和小时级负荷调节为主；商业领域用户调节灵活性较高，主要参与分钟级（及以下）负荷调节；居民领域用户单体响应容量较小，需负荷聚合商聚合后与电网互动；新兴负荷领域用户调节性能较好，可广泛参与多类型负荷调节。

- 日负荷率较高，峰谷差率较小。
- 调节特性主要受生产特性影响：以参与削峰型负荷调节为主，部分行业可实现填谷负荷调节；在时间尺度上主要参与日前和小时级负荷调节。
- 单个用户可调节容量大。

- 负荷具有较强的波动性和季节性，峰谷差大，是电网高峰的重要组成部分。
- 调节特性主要受行业性质影响：以参与削峰型负荷调节为主，在没有蓄冷(热)等可储能设备的条件下，参与填谷负荷调节难度较大；灵活性高于工业，可参与分钟级（及以下）的负荷调节。

调节特性

工业领域　商业领域　新兴负荷领域　居民领域

- 灵活性较高，在相关机制引导下可广泛参与多类型负荷调节。
① 电动汽车及储能：灵活控制充放电行为。
② 数据中心：网络负载在时间尺度上迁移或在空间尺度上转移，实现算力电力联合调度。
③ 5G基站：基站设备的功耗管理、基站储能电池管理。
④ 电制氢：用电低谷时可电制氢，在用电高峰时氢能可发电或直接燃烧。

- 日负荷率较小，峰谷差率较大，用电高峰与电网晚高峰重叠。
- 调节特性主要受气象因素、生活条件、生活习惯等因素影响：以参与削峰型负荷调节为主；在时间尺度上主要可参与日前和小时级负荷调节。
- 单个用户可调节容量较小，在负荷聚合商参与条件下调节效果较好。

（本节撰写人：贾跃龙　审核人：吴姗姗）

6.1.2 需求侧资源潜力

到"十五五"末，国家电网公司经营区域需求侧资源削峰潜力有望接近 2 亿 kW

综合考虑电力市场建设、引导激励政策、支撑技术普及等因素，采用基于细分行业可调节负荷比例与行业参与率的调查统计分析方法测算，预计 2023、2025、2030 年，国家电网公司经营区域需求侧资源削峰潜力将分别达到 1.0 亿、1.2 亿、1.9 亿 kW。

分钟级削峰潜力在需求侧资源削峰潜力的比重将过半

从调节速度看，随着信息通信、智能控制等技术的融合应用，需求侧资源调节速度将不断提升，分钟级（及以下）潜力快速增长。预计到 2023、2025、2030 年，国家电网公司经营区域分钟级（及以下）潜力有望分别达到 0.5 亿、0.7 亿、1.0 亿 kW，占最大负荷比重分别达到 4.4%、5.4%、6.4%。

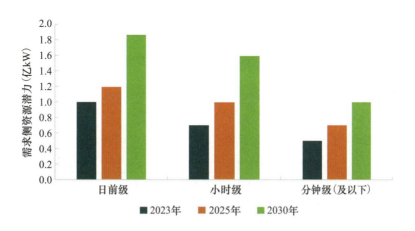

图 6-2　国家电网公司经营区域需求侧资源潜力（按调节速度）

> 工业领域需求侧资源削峰潜力最大；商业领域比重将逐步上升，且其分钟级（及以下）潜力在各领域中最大

预计到 2023、2025、2030 年，国家电网公司经营区域工业领域削峰潜力分别占总削峰潜力的 63%、55%、49%；商业领域削峰潜力分别占总削峰潜力的 30%、31%、35%，商业领域分钟级（及以下）分别占对应响应速度总潜力的 50%、54%、58%。

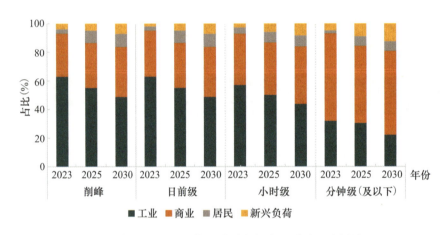

图 6-3　国家电网公司经营区域需求侧资源潜力（分领域）

> "三华"地区需求侧资源削峰潜力最大，约占总削峰潜力七成以上

华东电网区域削峰潜力居国家电网公司经营区域首位，2023、2025、2030 年削峰潜力分别占国家电网公司经营区域总削峰潜力的 38.0%、34.5%、26.7%；2023、2025、2030 年"三华"地区削峰潜力合计占比分别达到 84.1%、76.3%、68.2%。

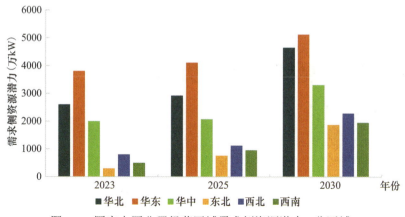

图 6-4　国家电网公司经营区域需求侧资源潜力 (分区域)

（本节撰写人：贾跃龙　审核人：吴姗姗）

6.1.3　需求侧资源保供价值展望

> 需求侧资源将在未来十年的保供工作中发挥重要作用

考虑"十四五""十五五"电力需求保持较快增长，在目前存量与核准、在建、规划电源和备用共享省间互济等措施基础上，如能持续健全市场交易机制、发挥各类电价引导作用、加强资源培育及科普宣传力度，将需求侧资源潜力价值最大程度发挥出来，将有利于减少最大电力负荷，进而支撑电力安全保供。2023、2025、2030 年，国家电网公司经营区域需求侧资源潜力占最大电力负荷的比例分别达 8.7%、9.3%、12.2%。

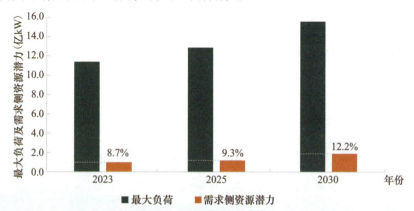

图 6-5　国家电网公司经营区域需求侧资源保供价值

（本节撰写人：贾跃龙　审核人：吴姗姗）

6.2 2022 年度夏期间降温负荷分析

引言

随着经济社会发展和人民生活水平提高,降温负荷占用电负荷的比重持续提升,叠加极端气候事件频发等因素,用电负荷对气温敏感度持续提升,夏冬季极端气象影响下电力供需平衡面临风险挑战增大。2022 年全国夏季气温为 1961 年有完整气象观测记录以来历史同期最高。本专题以国家电网公司经营区域为例,对 2022 年度夏期间降温负荷规模及单位温升负荷进行了测算,探索勾勒出省份视角下的降温负荷图景。

降温负荷指一定区域内夏季期间空调等降温用电设备的总用电功率,与降温设备规模、气象条件、电价水平等因素紧密相关。经济发展带来降温用电设备数量的增长,导致降温负荷不断增大;气温越高,电力用户降温需求随之上升,降温负荷也就越大。

春秋季基础负荷法是间接测算降温负荷的可行方法

通常认为夏季总用电负荷是由经济发展驱动的基础负荷和降温需求驱动的降温负荷构成。由于缺乏相应的计量装置,一个地区的降温负荷无法全部被计量和统计,只能采用春秋季基础负荷法去间接测算。具体思路是:首先选取春季、秋季基本无降温负荷的时期,其总用电负荷即为春季、秋季的基础负荷,在此基础上推算夏季基础负荷;然后用夏季总用电负荷减去基础负荷就得到了夏季降温负荷。

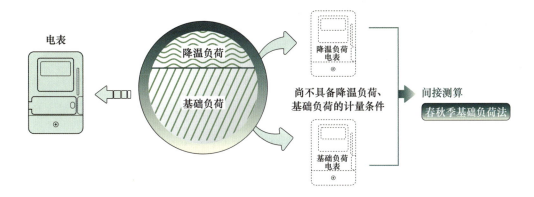

省级电网的日度最高气温，是省级电网内所有气象站实测日度最高气温的平均值。同一区域内的各省份降温负荷对于气温的敏感度具有一定差异，同样气温上升1℃，用电大省的降温负荷增量较用电小省通常更高。为体现这一特点，将各省级电网日度最高气温按照用电量占比为权重，加权平均得到区域电网的日度最高气温。同理，将各区域电网日度最高气温按照用电量占比为权重，加权平均得到国家电网公司经营区域的日度最高气温。

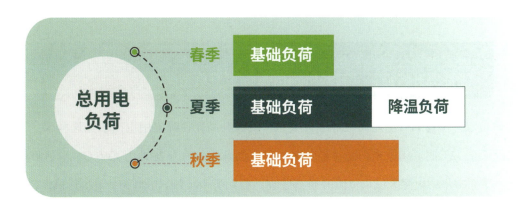

国家电网公司经营区域降温负荷占最大负荷的比重接近40%

2022年，国家电网公司经营区域最大降温负荷3.85亿kW，占实际最大负荷[1]比重约为35%，是"十三五"以来占比最高的一年。

---

❶ 还原需求响应和有序用电后的最大负荷。

华东电网区域降温负荷规模最大，华中、西南电网区域降温负荷占比最高

2022 年，华东电网区域降温负荷最高，为 1.3 亿 kW，占最大负荷比重为 36%。华北、华中电网区域降温负荷较高，均为 0.9 亿 kW。华中、西南电网区域降温负荷占最大负荷比重最大，为 44%。东北电网区域降温负荷（0.1 亿 kW）和占最大负荷比重（14%）均为最低。

图 6-6　2022 年迎峰度夏期间国家电网公司经营区域各区域电网降温负荷及占最大负荷比重

国家电网公司经营区域单位温升负荷 ❶ 随气温升高呈现出非线性提升特征，"三华"地区单位温升负荷最高

单位温升负荷和气温之间呈非线性关系，气温升高促使降温用电需求加速释放。日最高气温低于 32℃时，国家电网公司经营区域单位温升负荷约为 2600 万 kW/℃，分区域看，华北、华东、华中电网区域单位温升负荷较高，分别为 660 万、1000 万、450 万 kW/℃，东北电网区域单位温升负荷最低，为 100 万 kW/℃。日最高气温超过 32℃时，国家电网公司经营区域单位温升负荷升至 3800 万 kW/℃，较 32℃以下增长了 1200 万 kW/℃，分区域看，除东北、西北电网区域外 ❷，其他区域电网的单位温升负荷均明显增长，其中华中电网增长最快，达到 830 万 kW/℃，增幅为 85%，华北、华东、西南电网区域单位温升负荷分别达到 900 万、1300 万、330 万 kW/℃，增幅分别为 36%、30%、65%。

---

❶ 单位温升负荷是指经线性回归后，日度最高气温每升高 1℃，降温负荷的增量。
❷ 东北、西北电网区域日最高气温超过 32℃的日期低于 10 天，回归效果不明显，故不纳入分析。

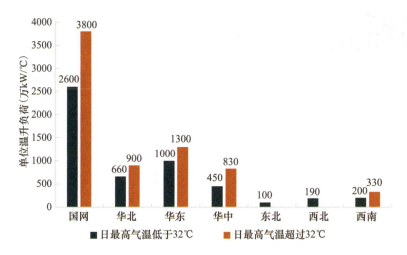

图 6-7　2022 年迎峰度夏期间国家电网公司经营区域各区域电网单位温升负荷

降温负荷较大的省级电网集中在华东、华中、西南电网区域

国家电网公司经营区域 27 个省级电网中，2022 年夏季降温负荷超过 3000 万 kW 的有 5 个省级电网，分别为江苏（4158 万 kW）、浙江（3773 万 kW）、河南（3409 万 kW）、山东（3234 万 kW）、安徽（3163 万 kW）。降温负荷在 2000 万～3000 万 kW 之间的有 3 个省级电网，分别为四川（2721 万 kW）、湖北（2281 万 kW）、湖南（2249 万 kW）。降温负荷在 1000 万～2000 万 kW 之间的有 7 个省级电网，低于 1000 万 kW 的有 12 个省级电网。

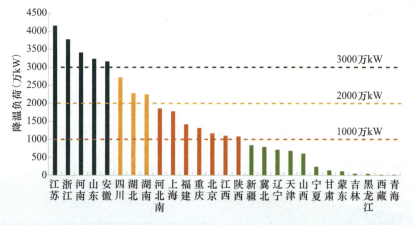

图 6-8　2022 年迎峰度夏期间国家电网公司经营区域各省级电网降温负荷规模

气象条件和产业结构是影响降温负荷占比的主要因素

降温负荷占比超过 40% 的有 8 个省级电网，其中安徽、河南、四川等电网主要是因为气温明显较常年同期偏高。上海、北京、重庆等电网主要是第三产业占比较高且夏季气温较高，第三产业和居民生活部门的降温用电需求大，拉高降温负荷占比。西北、东北电网区域省份的降温负荷占比普遍较低。

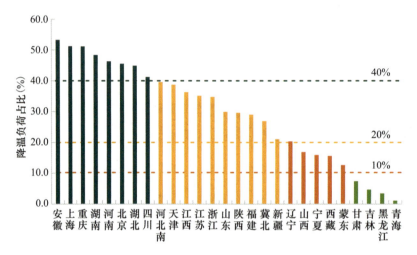

图 6-9　2022 年迎峰度夏期间国家电网公司经营区域各省级电网降温负荷占比

降温负荷大的省份单位温升负荷也较高，日最高气温超过 32℃时，河南、湖南、重庆电网单位温升负荷增长较快

日最高气温低于 32℃时，单位温升负荷超过 200 万 kW/℃的有 3 个省级电网，为降温负荷第一、第二、第四大省。单位温升负荷在 100 万～ 200 万 kW/℃之间的有 7 个省级电网。

日最高气温超过 32℃时，有 4 个省级电网单位温升负荷升至 300 万 kW/℃以上，也即降温负荷最大的 4 个省级电网。单位温升负荷在 200 万～ 300 万 kW/℃之间的仍为 3 个省级电网，单位温升负荷在 100 万～ 200 万 kW/℃之间的增至 9 个省级电网。河南、湖南、重庆电网单位温升负荷分别为 399 万、159 万、89 万 kW/℃，分别较日最高气温低于 32℃时增长 151%、150%、88%。

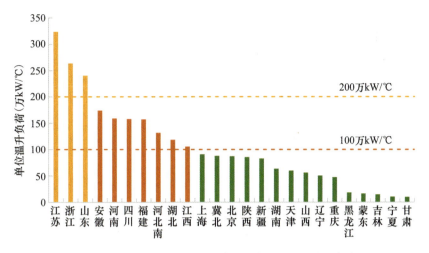

图 6-10 2022 年迎峰度夏期间日最高气温低于 32℃时国家电网公司
经营区域各省级电网单位温升负荷❶

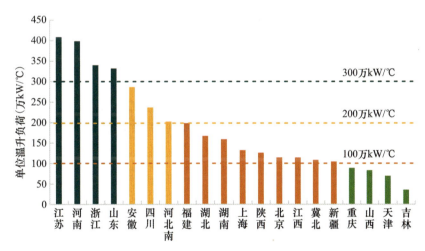

图 6-11 2022 年迎峰度夏期间日最高气温超过 32℃时国家电网公司
经营区域各省级电网单位温升负荷❷

（本节撰写人：姚力　审核人：汲国强）

---

❶ 因西藏、青海电网区域单位温升负荷回归关系不明显，故不展示。
❷ 因西藏、青海、蒙东、黑龙江、辽宁、甘肃、宁夏、吉林电网区域日最高气温超过 32℃的日期低于 10 天，
回归关系不明显，故不展示。

参 考 文 献

[1] 国家统计局 . 中华人民共和国 2022 年国民经济和社会发展统计公报 [R]. 2023.02: 1-2.
http://www.stats.gov.cn/tjsj/zxfb/202302/t20230227_1918980.html.

[2] 储能电站投资收益分析 [EB/OL].https://caifuhao.eastmoney.com/news/2022071107225082
9316560.

[3] 中国信息通信研究院 .2022 中国 "5G+ 工业互联网" 发展成效评估报告 [EB/OL].
https://max.book118.com/html/2022/1223/8117103113005023.shtm.

[4] 孙景博,王阳,杨晓帆,等 . 中国风光资源气候风险时空变化特征分析 [J]. 中国电力,
2023,56(05): 1-10.

[5] 康重庆,夏清,刘梅 . 电力系统负荷预测 [M]. 北京:中国电力出版社,2017.

致　　谢

《中国电力供需分析报告　2023》在编写过程中，得到了国家电网有限公司发展策划部、营销部、国调中心、北京电力交易中心，国家信息中心，国家气候中心，以及钢铁、有色金属、建材、化工等业内知名专家的大力支持，在此表示衷心感谢！